큰 그림, 큰 글씨로 배우는

한글 2010

눈이 편한 한글 2010

Copyright ⓒ 2019 by youngjin.com Inc.
1016, 10F. Worldmerdian Venture Center 2nd, 123, Gasan-digital 2-ro, Geumcheon-gu, Seoul 08505, Korea.
All rights reserved. First published by Youngjin.com Inc. in 2014. Printed in Korea.

저작권법에 의하여 한국 내에서 보호를 받는 저작물이므로 무단 전재와 무단 복제를 금합니다.

이 책에 언급된 모든 상표는 각 회사의 등록 상표입니다.
또한 인용된 사이트의 저작권은 해당 사이트에 있음을 밝힙니다.

ISBN 978-89-314-4754-5

독자님의 의견을 받습니다.
이 책을 구입한 독자님은 영진닷컴의 가장 중요한 비평가이자 조언가입니다. 저희 책의 장점과 문제점이 무엇인지, 어떤 책이 출판되기를 바라는지, 책을 더욱 알차게 꾸밀 수 있는 아이디어가 있으면 팩스나 이메일, 또는 우편으로 연락주시기 바랍니다. 의견을 주실 때에는 책 제목 및 독자님의 성함과 연락처(전화번호나 이메일)를 꼭 남겨 주시기 바랍니다. 독자님의 의견에 대해 바로 답변을 드리고, 또 독자님의 의견을 다음 책에 충분히 반영하도록 늘 노력하겠습니다.

이메일 _ support@youngjin.com
주 소 _ (우)08505 서울 금천구 가산디지털2로 123 월드메르디앙벤처센터 2차 10층 1016호

만든 사람들

저자 _ 김미영 ǀ **기획 _** 기획 1팀 ǀ **총괄 _** 김태경 ǀ **진행 _** 김연희
내지 디자인 _ 영진닷컴 디자인팀 ǀ **표지 디자인 _** 영진닷컴 디자인팀 지화경

이 책의 구성

PREVIEW

이 책은 15차시로 이루어졌으며 다음과 같은 요소들로 구성되어 있습니다.

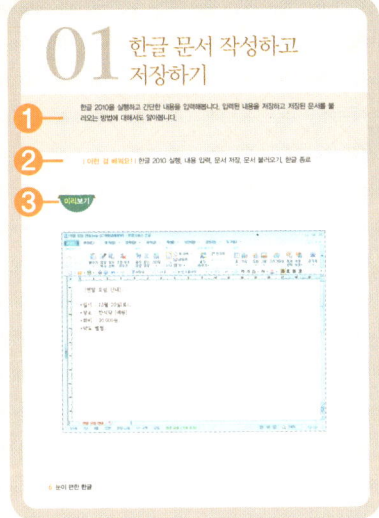

❶ 배울 내용
각 차시에서 배우게 되는 내용에 대해 간략하게 설명하고 학습 방향을 제시합니다.

❷ 이런 걸 배워요!
따라하기를 통해 어떤 기능을 학습하게 될지 간략하게 살펴봅니다. 배울 내용을 미리 알아두면 훨씬 쉽고 재미있게 학습할 수 있습니다.

❸ 미리보기
각 차시에서 배우게 되는 예제의 완성된 모습을 미리 확인할 수 있습니다.

❹ 따라하기
예제를 만드는 과정과 방법을 순서대로 보면서 쉽게 따라할 수 있습니다.

❺ TIP
본문에서 설명하지 않은 내용 중 중요하거나 알아두면 좋은 내용 등을 정리하였습니다.

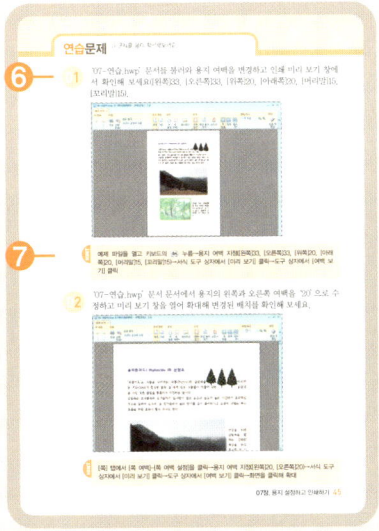

❻ 연습문제
해당 차시에서 배운 내용을 토대로 좀더 응용된 예제를 조금씩 다른 난이도로 만들어 배운 기능을 한 번 더 다질 수 있도록 하였습니다.

❼ Hint
연습문제를 학습할 때 필요한 참고 내용을 담았습니다.

이 책의 목차

01장 : 한글 문서 작성하고 저장하기 ·················· 6

02장 : 글자 모양 꾸미기 ·················· 11

03장 : 정렬하고 문단 모양 설정하기 ·················· 17

04장 : 내용이나 모양 복사하기 ·················· 23

05장 : 그리기 조각과 클립아트 삽입하기 ·················· 29

06장 : 그림 삽입하기 ·················· 34

07장 : 용지 설정하고 인쇄하기 ·················· 41

08장 : 한자와 기호 삽입하기 ·················· 46

: **09**장 : 글맵시로 글자에 맵시내기 ································· 52

: **10**장 : 기본 스타일의 표 작성하기 ································· 58

: **11**장 : 표 스타일과 속성 설정하기 ································· 63

: **12**장 : 표 모양 내 맘대로 편집하기 ································· 70

: **13**장 : 첫 글자 장식하고 쪽 번호 넣기 ································· 76

: **14**장 : 문서에 차트와 도형 삽입하기 ································· 82

: **15**장 : 다단과 글머리표로 소식지 만들기 ································· 89

01 한글 문서 작성하고 저장하기

한글 2010을 실행하고 간단한 내용을 입력해봅니다. 입력된 내용을 저장하고 저장된 문서를 불러오는 방법에 대해서도 알아봅니다.

| 이런 걸 배워요! | 한글 2010 실행, 내용 입력, 문서 저장, 문서 불러오기, 한글 종료

미리보기

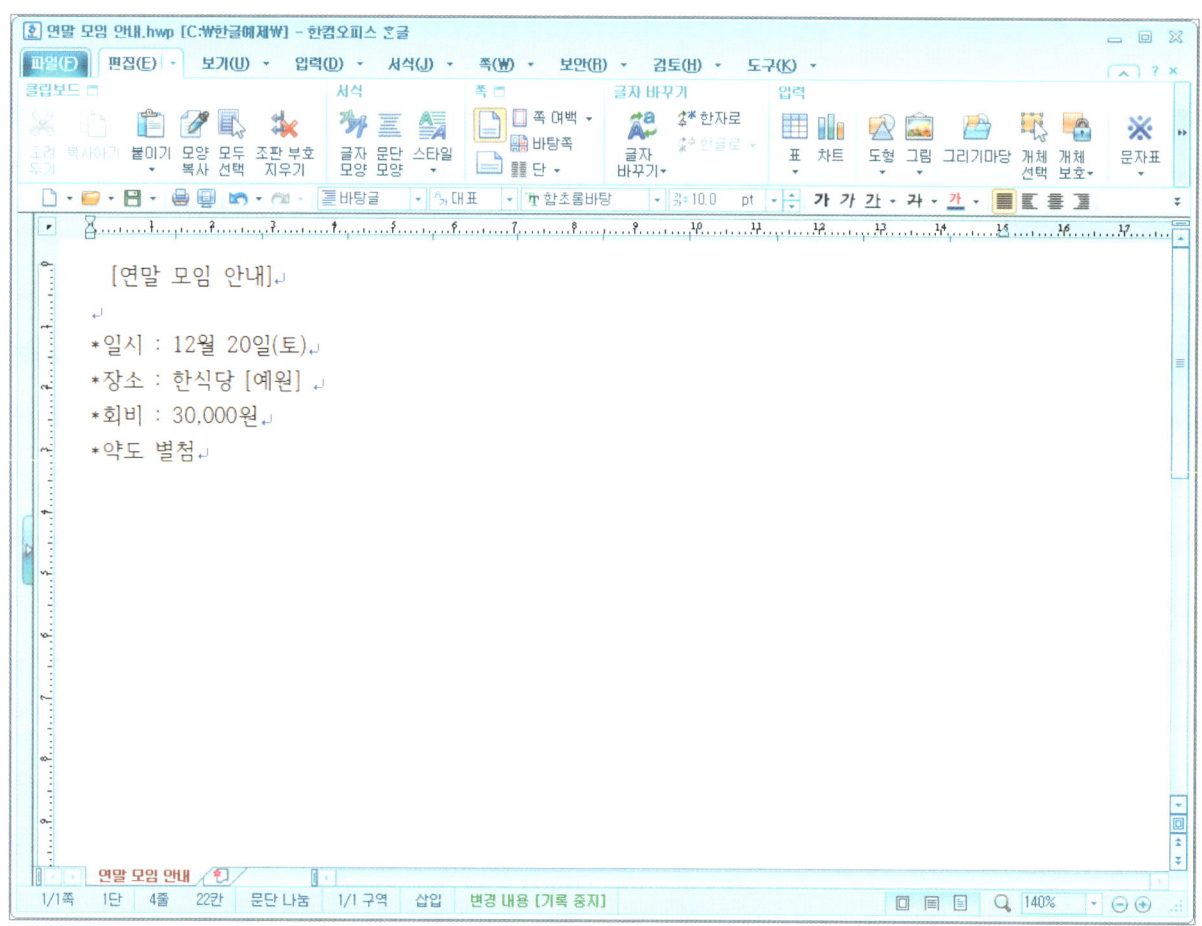

STEP 1 | 한글 2010 실행하기

01 [시작](🪟) 단추를 클릭하고 [모든 프로그램]-[한컴오피스 한글 2010]을 클릭합니다.

 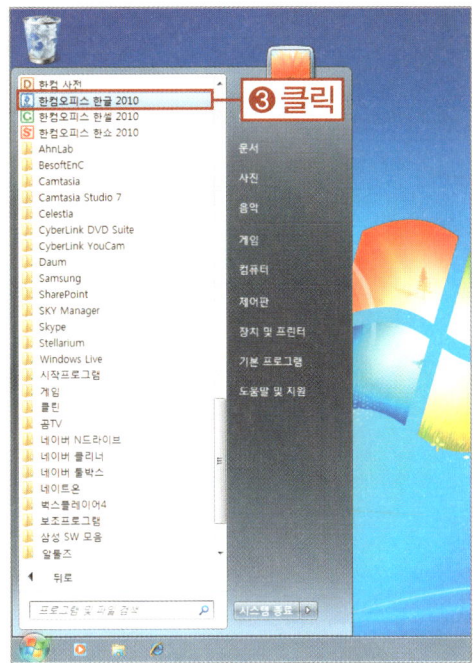

> TIP
> 윈도우의 바탕 화면에 [한컴오피스 한글 2010]의 바로 가기 아이콘(🅗)이 있으면 더블 클릭해 실행해도 됩니다. 또한 작업 표시줄에 [한컴오피스 한글 2010]의 바로 가기 아이콘(🅗)이 고정되어 있으면 클릭해 실행할 수도 있습니다.

02 한글 2010 프로그램이 실행되어 시작 화면이 나타납니다.

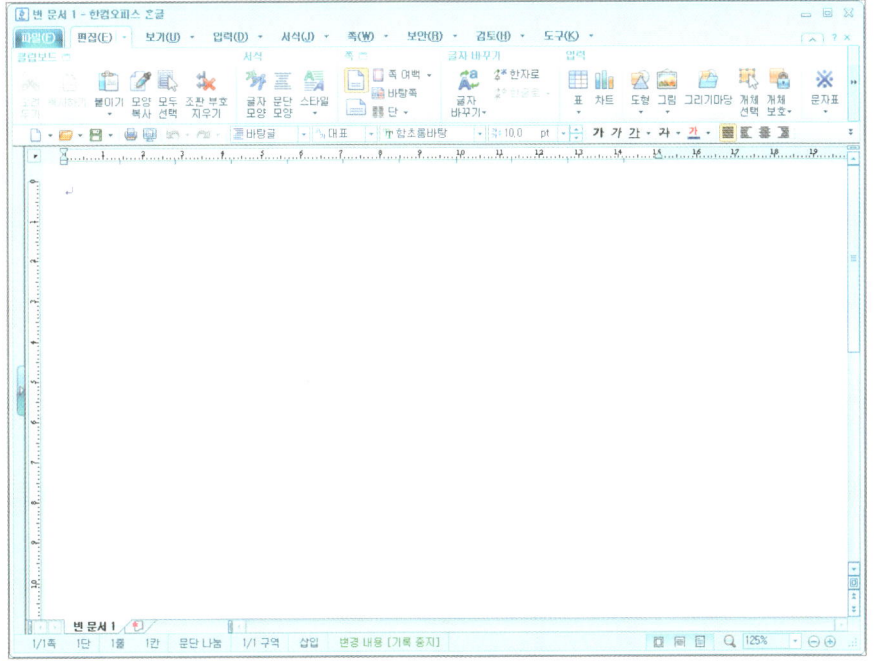

01장. 한글 문서 작성하고 저장하기

STEP 2 내용 입력하고 저장하기

03 다음과 같이 문서의 내용을 입력합니다.

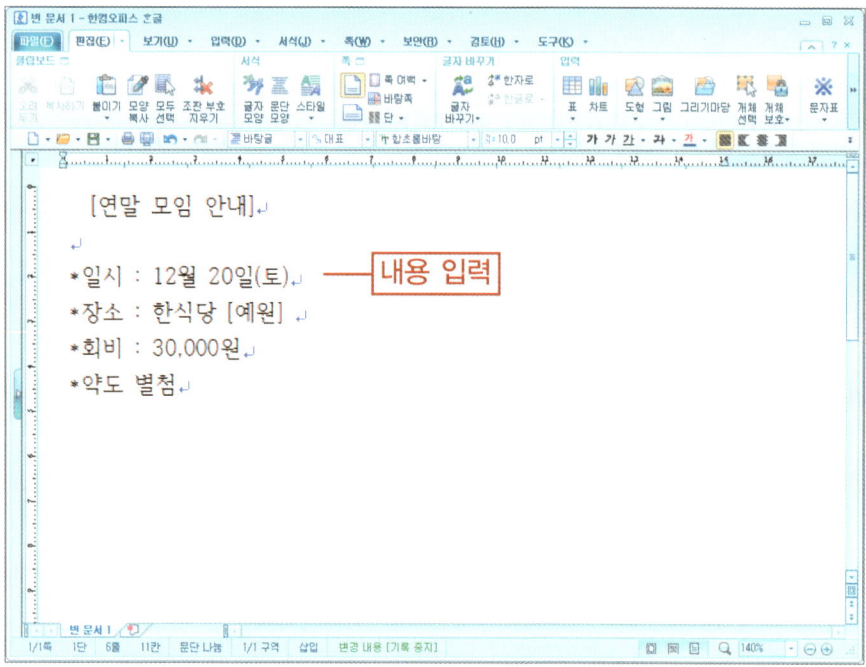

TIP　Enter 를 눌러 다음 줄로 이동할 수 있으며 Delete 를 눌러 커서 뒤의 글자를 삭제할 수 있습니다.

04 서식 도구 상자에서 [저장하기](🖫)를 클릭합니다. [다른 이름으로 저장하기] 대화상자가 나타나면 문서를 저장할 폴더로 이동한 후 [파일 이름]에 '연말 모임 안내'를 입력하고 [저장]을 클릭합니다.

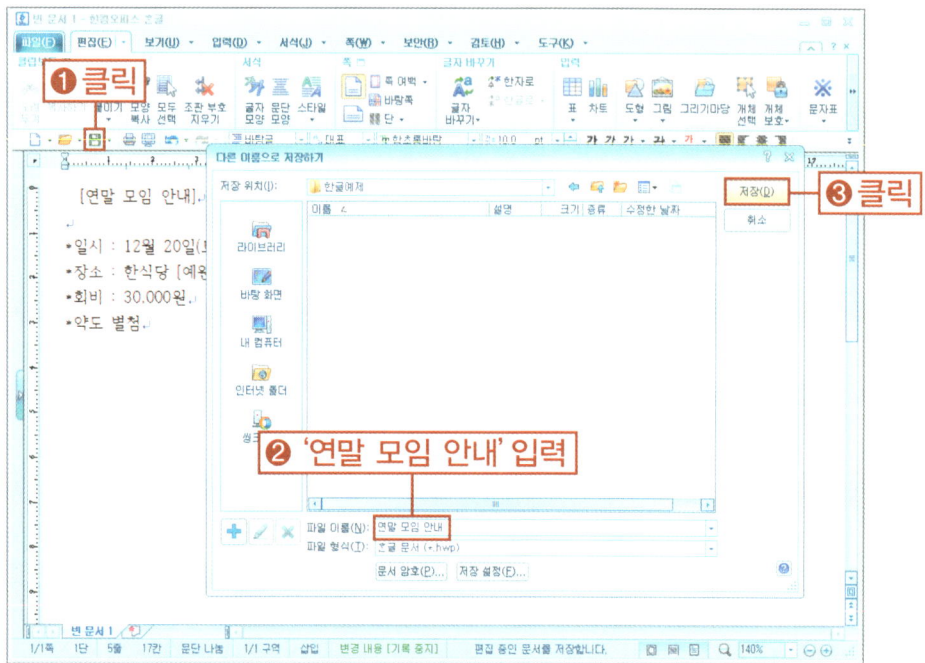

8　눈이 편한 **한글**

STEP 3 문서 닫기와 불러오기

05 문서가 저장되어 제목 표시줄에 파일 이름이 나타납니다. 문서를 닫기 위해 [문서 닫기](⊠)를 클릭합니다.

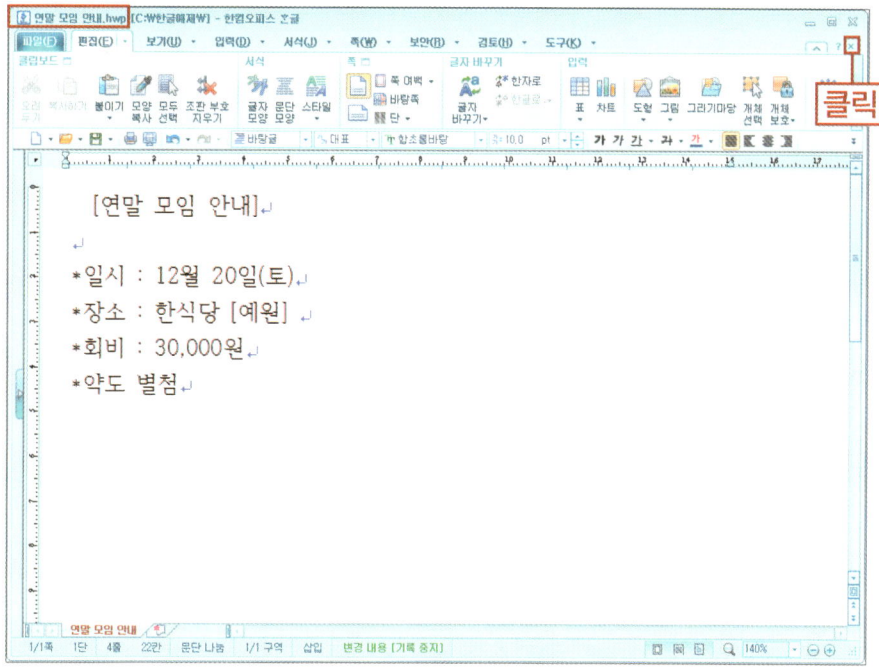

> **TIP** [파일] 탭에서 [문서 닫기]를 선택해도 됩니다. 프로그램을 종료하려면 [파일] 탭의 [끝]을 선택합니다.

06 문서가 닫히면 서식 도구 상자에서 [불러오기](📁)를 클릭합니다. [불러오기] 대화상자가 나타나면 문서를 저장했던 폴더로 이동한 후 '연말 모임 안내'를 선택하고 [열기]를 클릭해 문서를 엽니다.

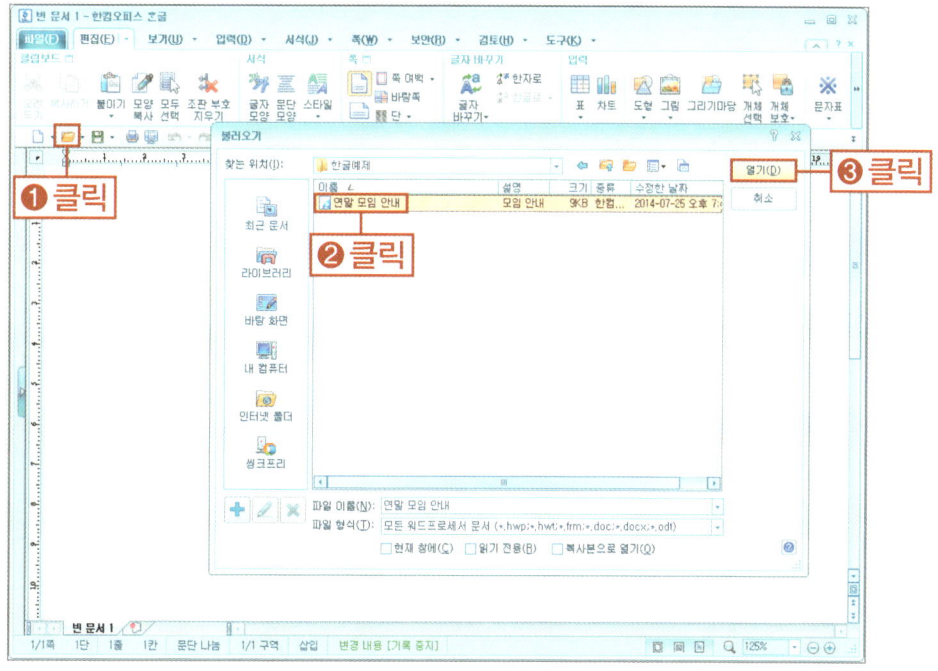

연습문제 >> 문제를 풀며 확인해보세요.

01 윈도우의 바탕 화면에서 [한글 2010]의 바로 가기 아이콘을 더블 클릭해 한글 2010을 실행해보고 프로그램을 종료해 보세요.

HINT 바탕 화면에서 [한글 2010]의 바로 가기 아이콘을 더블 클릭해 프로그램 실행→[파일]-[끝]을 클릭해 프로그램 종료

02 한글 2010 프로그램을 열고 다음 내용을 입력한 다음 문서를 저장해 보세요.

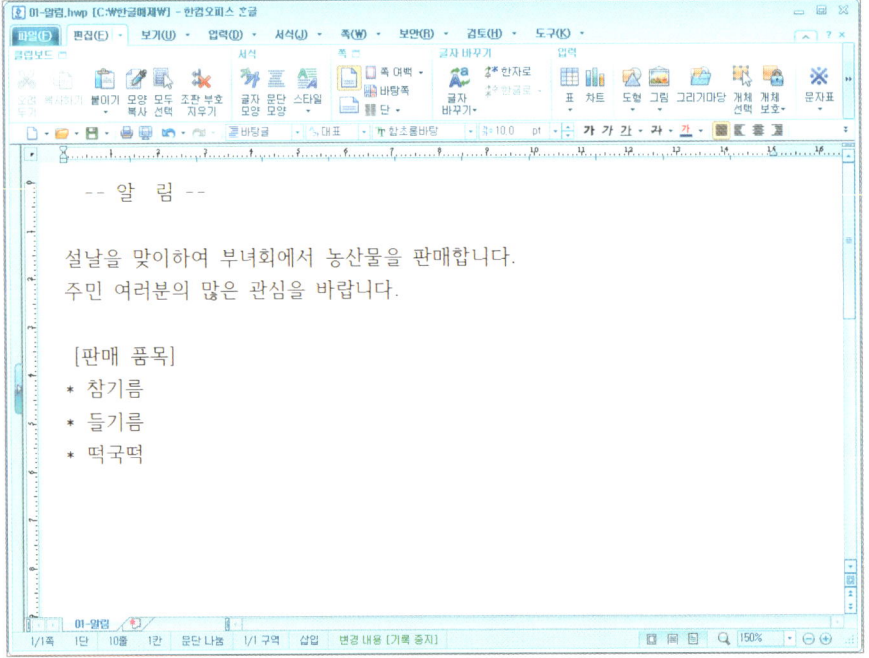

HINT 프로그램 실행→내용 입력→[파일]-[저장하기] 클릭→[다른 이름으로 저장] 대화상자에서 저장 위치 선택하고 파일 이름 입력한 후 [저장] 클릭

02 글자 모양 꾸미기

입력된 글자에 스타일을 지정하면 보기 좋을 뿐 아니라 읽기에도 좋고 중요 부분을 강조할 수 있어 내용을 파악하기도 쉽습니다. 글꼴과 글자 크기, 글자 색 등의 서식을 지정하고 특정 부분을 강조하는 방법에 대해 알아봅니다.

l 이런 걸 배워요! l 글꼴 변경, 글자 크기 변경, 글자 색 변경, 글자 속성 지정

미리보기

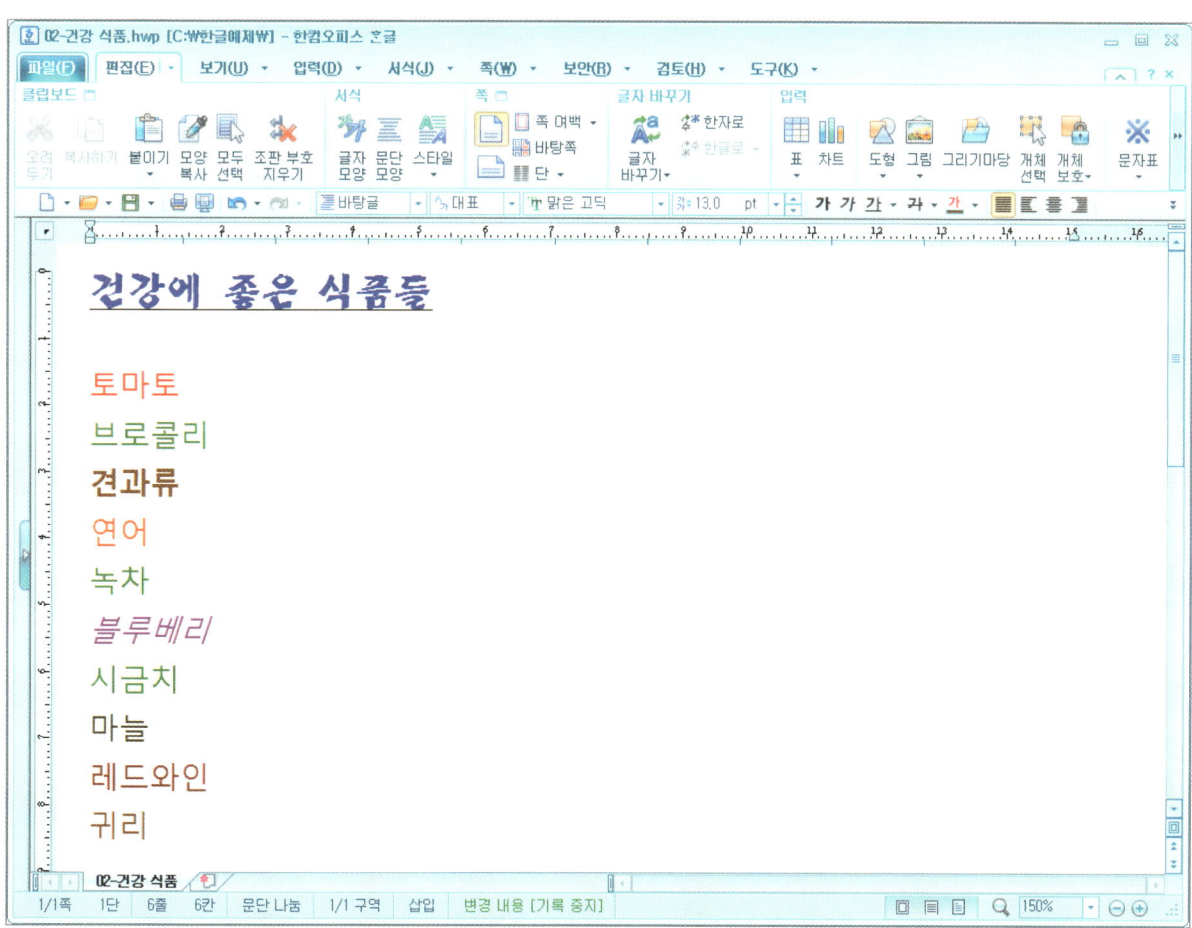

STEP 1 글자 모양 지정하기

01 새 문서에서 다음과 같이 내용을 입력하고 제목을 드래그해 범위를 지정합니다.

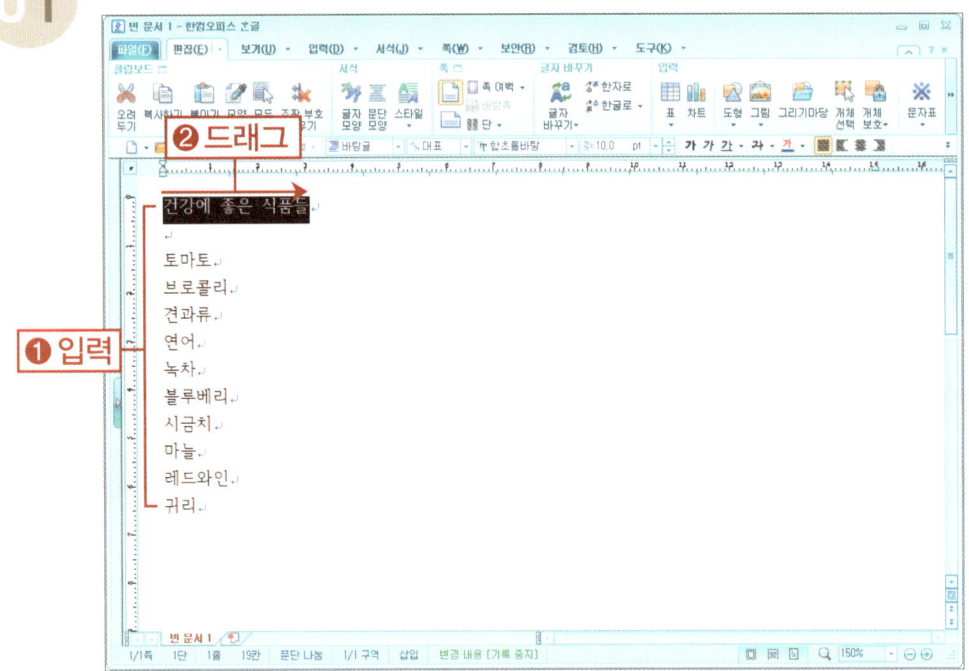

02 서식 도구 상자에서 [글자 크기]( )의 목록 단추( )를 클릭하고 '16pt'을 선택합니다.

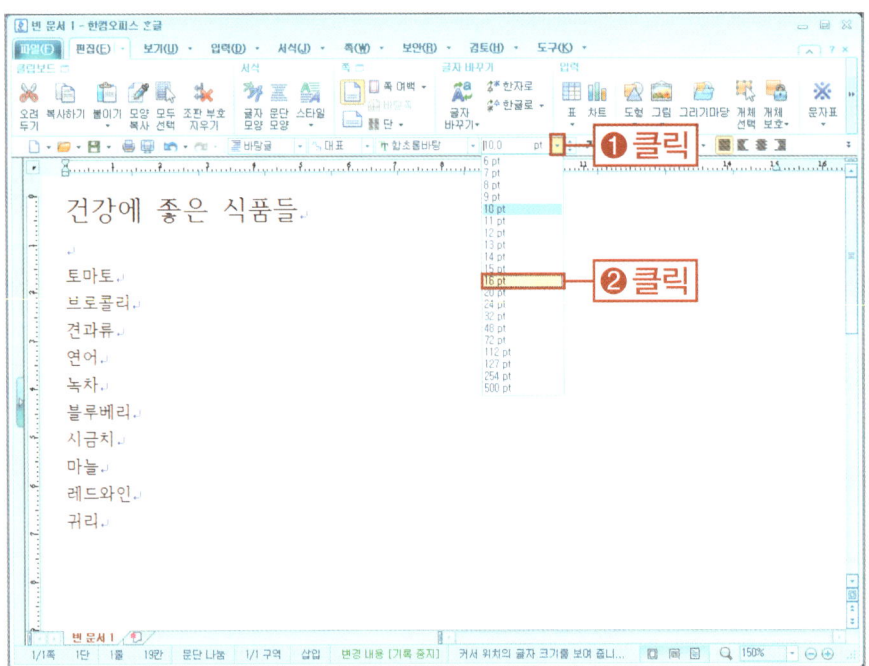

> **TIP** 글자 크기 목록에 마우스를 가져가면 범위 안의 내용에 적용될 크기를 실시간으로 미리 확인할 수 있습니다.

03 아래쪽 내용을 드래그해 모두 선택한 후 서식 도구 상자에서 [글자 크기]의 위쪽 화살표 단추(▲)를 세 번 클릭해 글자 크기를 '13pt'로 설정합니다.

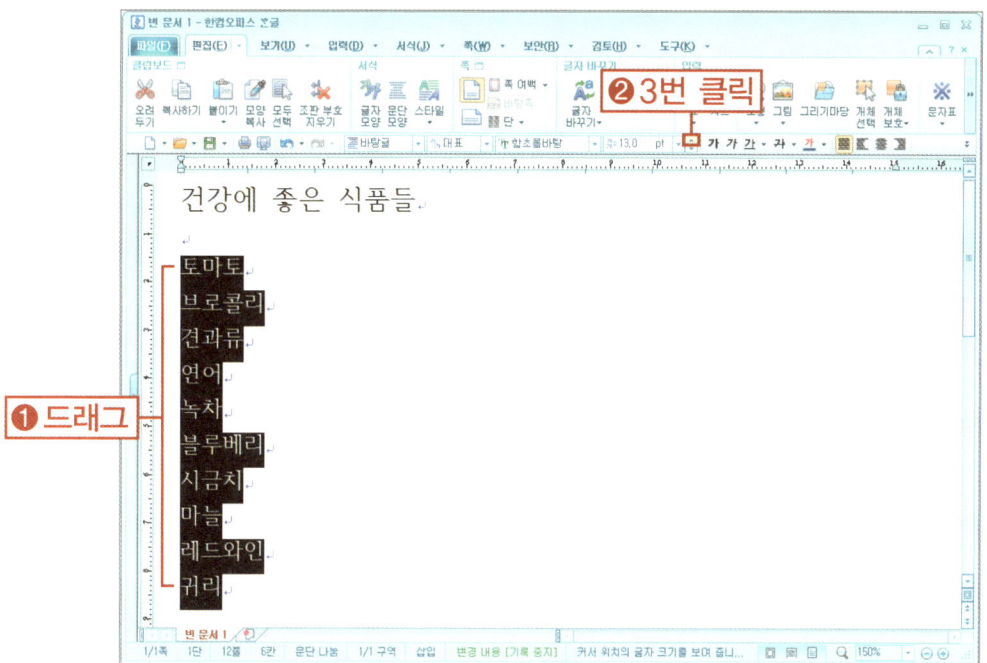

TIP 아래쪽 화살표 단추(▼)를 클릭하면 글자 크기가 작아집니다.

04 다시 제목을 드래그해 범위로 지정합니다. 서식 도구 상자에서 [글꼴] (함초롬바탕)의 목록 단추(▼)를 클릭한 후 스크롤 바를 이동시켜 [양재백두체B]를 선택합니다.

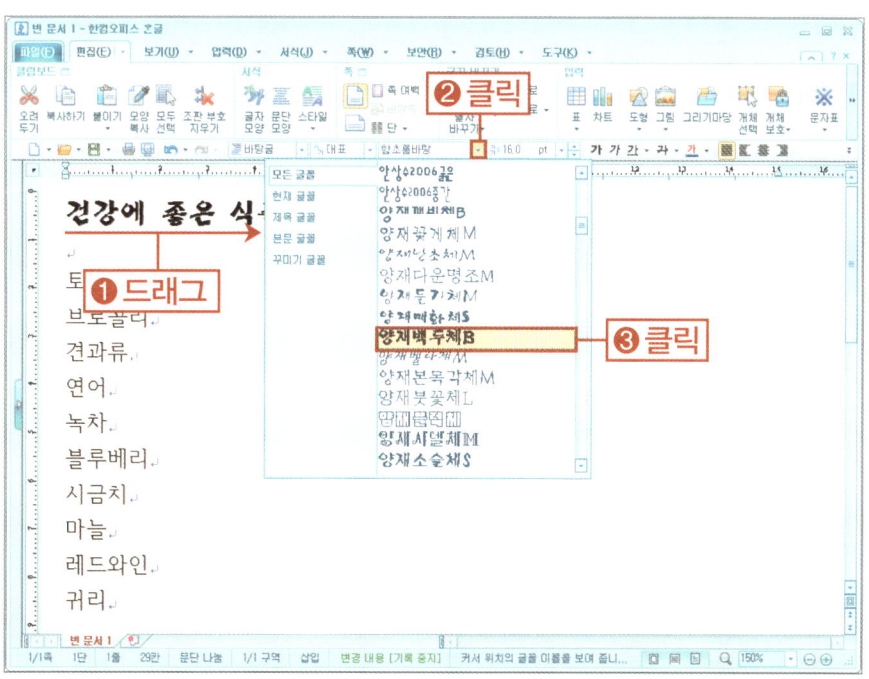

TIP 설치된 글꼴은 사용자마다 다를 수 있으므로 다른 글꼴을 선택해도 됩니다.

05 제목에 범위가 지정된 상태에서 서식 도구 상자에 있는 [글자 색](가)의 목록 단추( )를 클릭하고 [파랑]을 선택합니다.

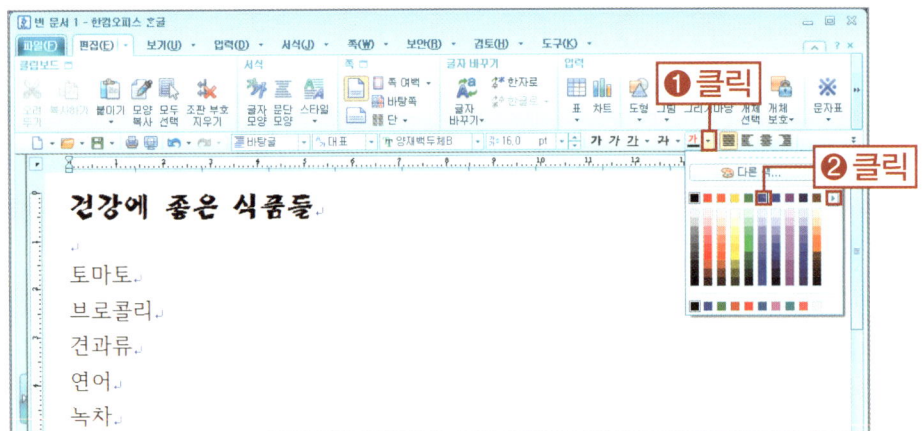

TIP [색상 테마]( )를 클릭한 후 테마 목록에서 사용할 테마 색을 변경해도 됩니다. 여기서는 '오피스' 테마를 선택해 사용하였습니다.

06 아래쪽의 음식 이름들을 모두 드래그하여 범위 지정하고 [글꼴]에서 [맑은 고딕]을 선택합니다. 음식을 각각 하나씩 드래그한 후 [글자 색]에서 음식과 같은 색으로 지정합니다.

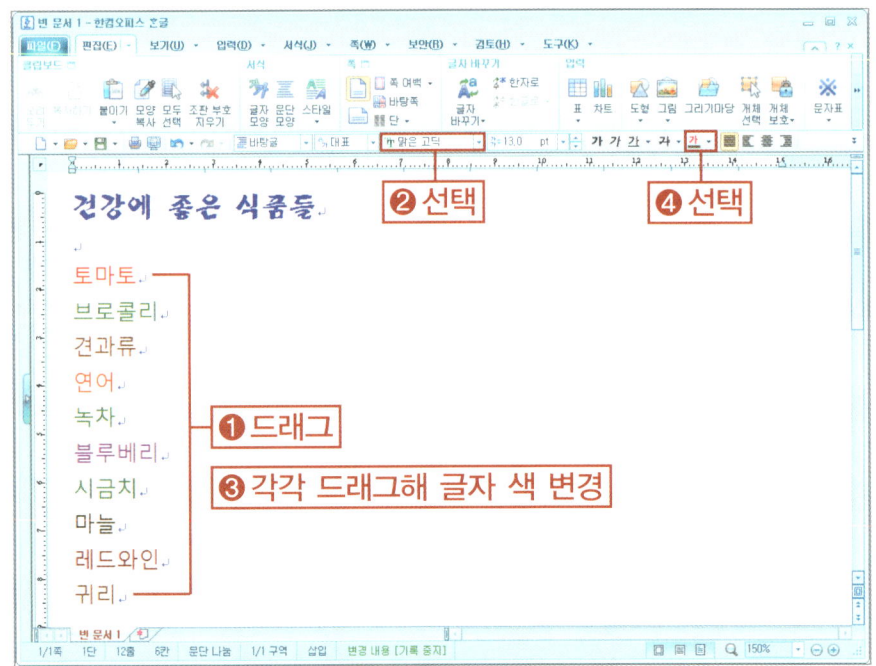

STEP 2 | 글자에 속성 지정하기

07 제목을 드래그해 범위로 지정한 후 서식 도구 상자에서 [밑줄](가)을 클릭합니다.

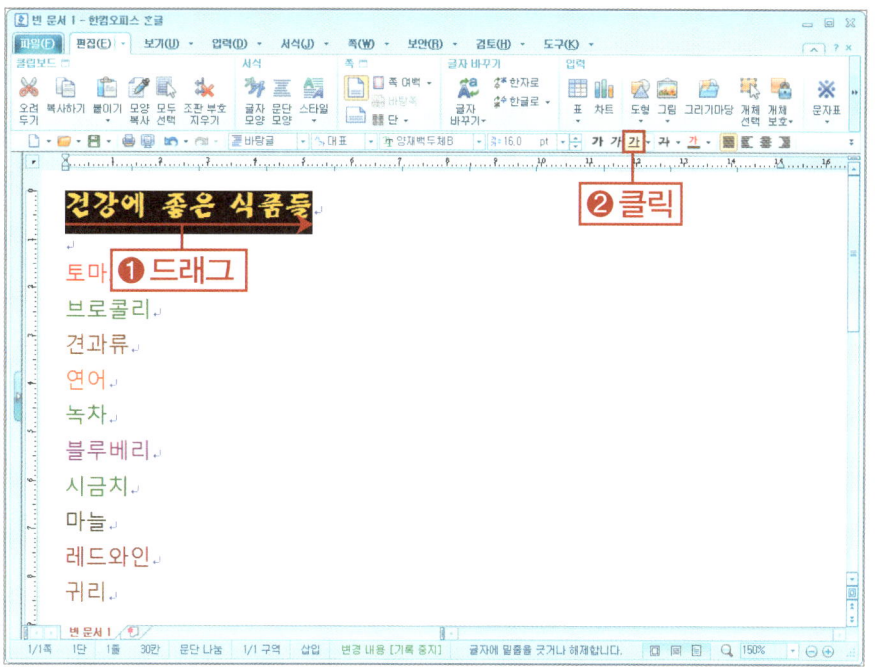

08 '견과류'를 드래그해 범위로 지정하고 서식 도구 상자에서 [진하게](가)를 클릭해 지정합니다. 이후 '블루베리'를 드래그한 후 [기울임](가)을 클릭합니다.

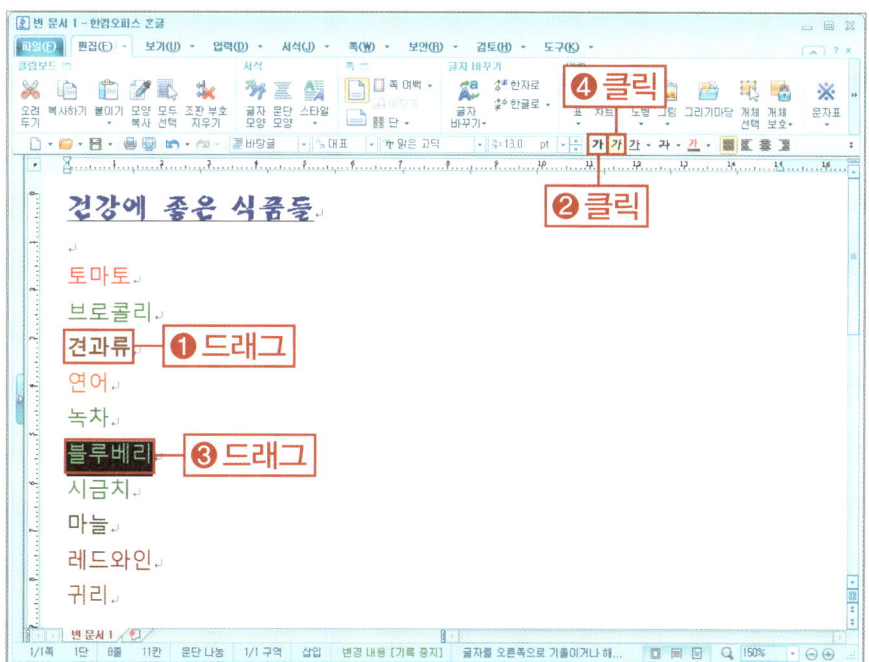

연습문제 》 문제를 풀며 확인해보세요.

01 새 문서에 다음 내용을 입력한 후 글자 크기와 글꼴, 글자 색, 밑줄을 지정해 다음과 같이 작성해 보세요.

* 건강에 좋은 식품들

토마토
비타민과 라이코펜을 다량 함유하여 활성산소를 제거해주고 칼로리도 많아 건강에 좋은 채소. 익혀서 먹으면 영영 성분의 흡수가 더 좋음.

브로콜리
비타민C, 베타카로틴, 칼슘 등의 성분이 함유되어 피부 건강과 암 예방 등에 좋음

마늘
항균작용과 면역력 증강, 혈관질환 등에 도움이 되는 알리신 등의 좋은 성분을 함유하고 있음.

> **HINT** 내용 입력→제목: [글자 색](주황, 검정), [글꼴](양재참숯체B), [기울임]→소제목 각각 드래그하여 [글자 색](빨강, 초록, 노랑 70% 어둡게), [글꼴](맑은 고딕), [진하게]로 설정→본문 내용 드래그한 후 [글자 색](남색) 지정

02 '02-연습2.hwp' 문서를 열고 글자 크기와 글꼴, 글자 색, 밑줄을 지정해 다음과 같이 만들어 보세요.

우엉차 만들기

1. 우엉을 <u>껍질째 깨끗이</u> 씻는다.
2. 0.5cm~1cm로 어슷하게 썬다.
3. 직사광선이 드는 곳에서 하루 동안 바짝 말린다.
4. 잘 말린 우엉을 <u>약한 불</u>로 프라이팬에 잘 볶는다.
5. 우엉을 물에 넣어 잘 끓인 후 마신다.

> **HINT** 문서 불러오기→제목: [글자 색](탁한 황갈), [글꼴](한컴 솔잎B), [24pt]로 지정→본문 내용 드래그한 후 [글자 색](남색), [글꼴](한컴 윤체L), [18pt]로 지정→ '껍질째 깨끗이' 와 '약한 불'을 드래그한 후 [밑줄] 선택

03 정렬하고 문단 모양 설정하기

입력된 내용을 가운데 또는 왼쪽, 오른쪽 등으로 깔끔하게 정렬할 수 있습니다. 또 줄 사이의 간격이나 오른쪽, 왼쪽 여백을 설정하면 보다 깔끔한 문서로 만들 수 있습니다. 문단 모양 지정과 정렬 방법을 알아봅니다.

I 이런 걸 배워요! I 정렬, 줄 간격 설정, 여백 설정

미리보기

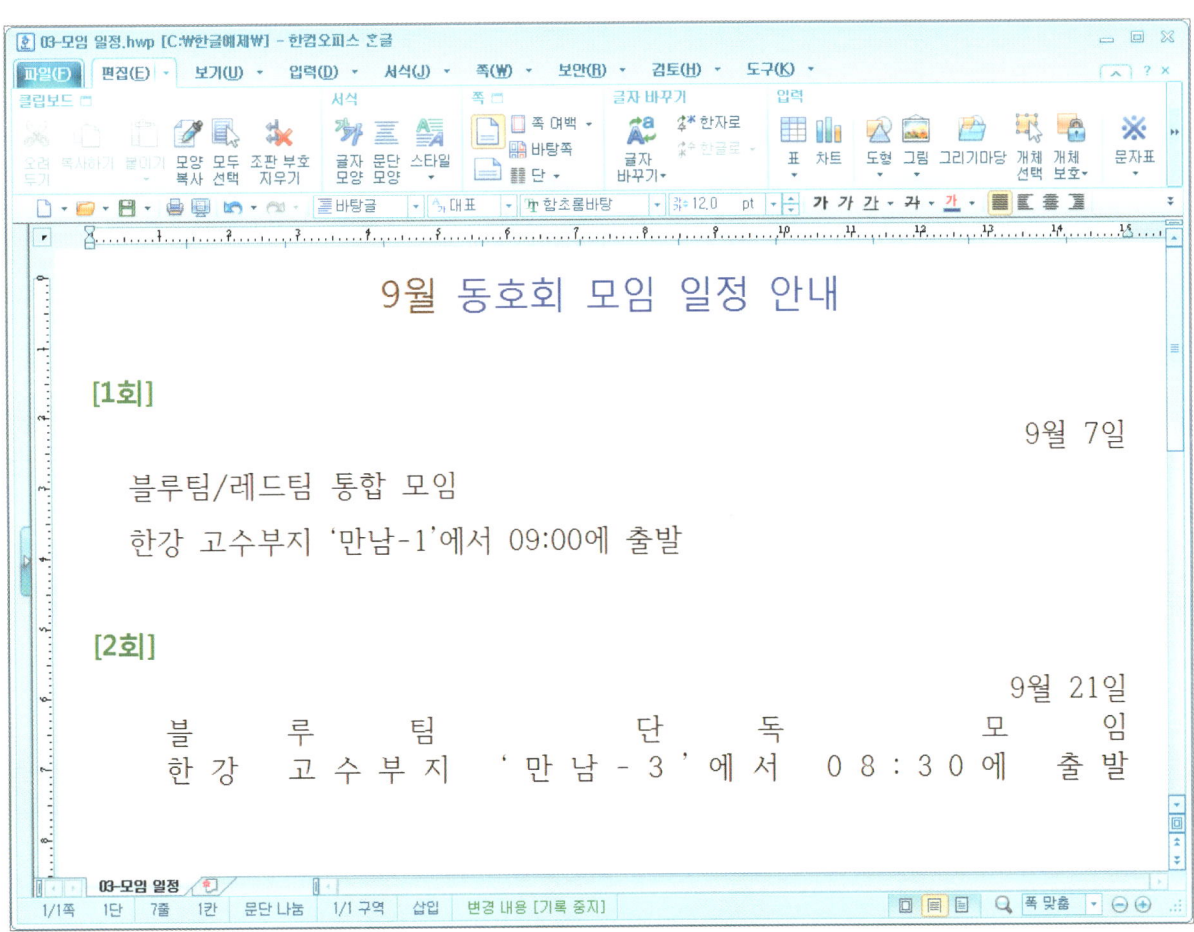

STEP 1 정렬 설정하기

01 서식 도구 상자에서 [불러오기](📁)를 클릭한 후 '한글예제' 폴더에서 [03-모임 일정.hwp] 파일을 불러옵니다.

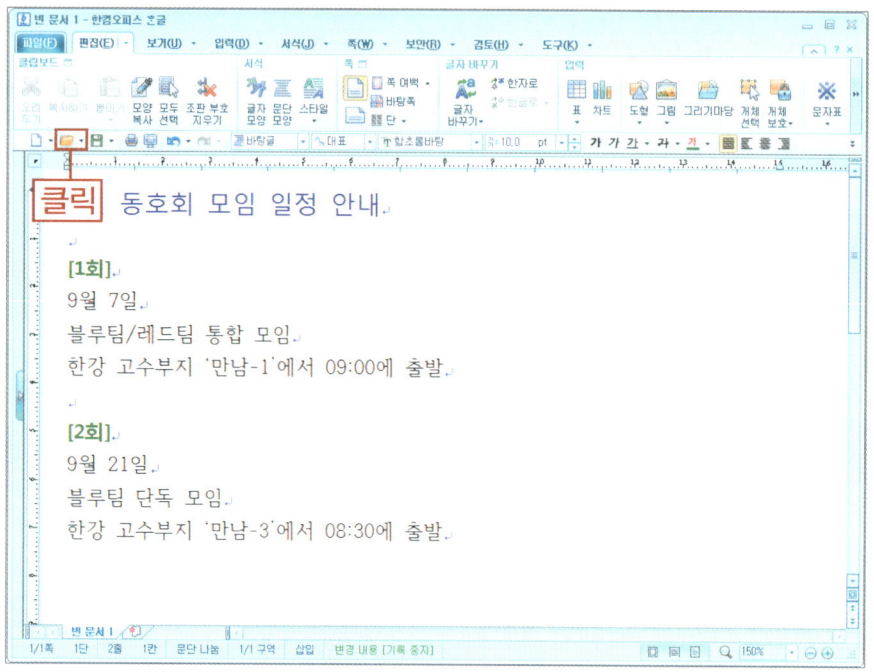

02 커서를 제목 줄에 놓은 후 서식 도구 상자에서 [가운데 정렬](≡)을 클릭합니다.

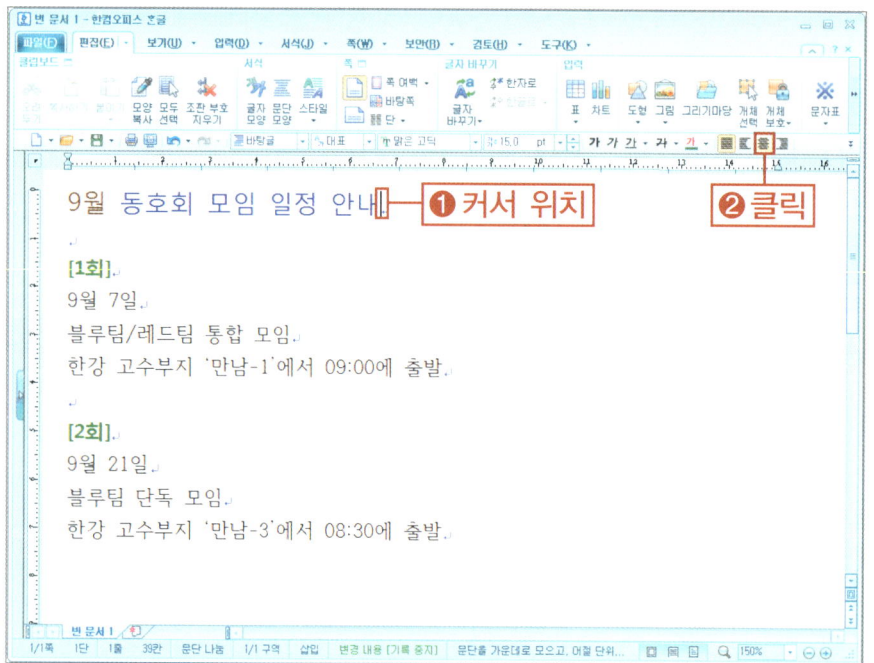

> **TIP** 커서가 위치한 문단에 정렬이 설정되므로 제목이 위치한 줄의 아무 곳에나 커서를 놓아도 됩니다.

03 '9월 7일'이 위치한 줄에 커서를 놓고 서식 도구 상자에서 [오른쪽 정렬](≡)을 클릭합니다. 동일한 방법으로 '9월 21일'이 위치한 줄에 커서를 놓고 서식 도구 모음에서 [오른쪽 정렬](≡)을 클릭합니다.

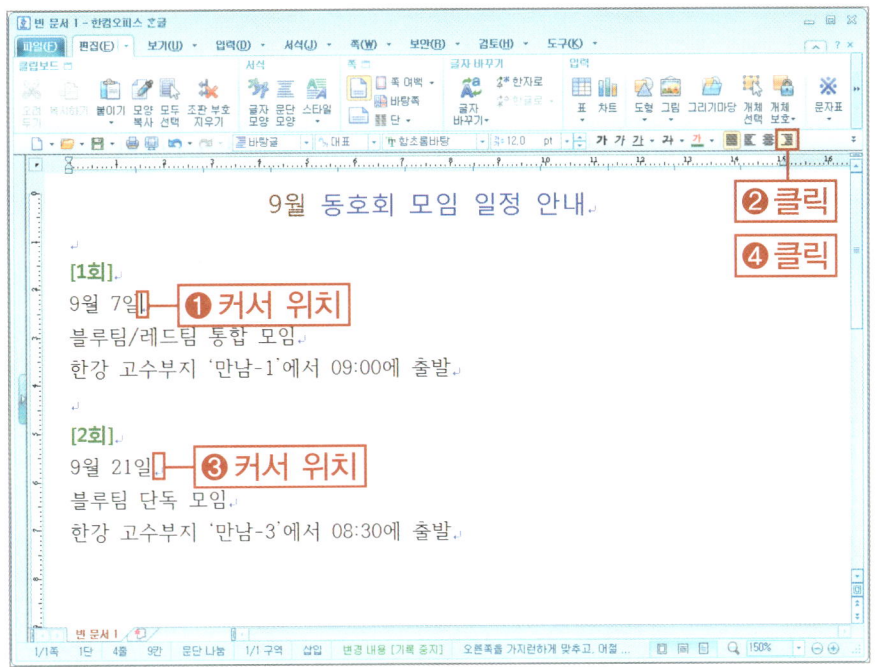

TIP 여러 줄을 한 번에 정렬하려면 정렬할 부분을 드래그해 범위로 지정한 후 정렬 단추를 클릭합니다.

04 다음과 같이 두 줄을 드래그해 범위로 지정하고 [편집] 탭에서 [문단 모양]을 클릭합니다.

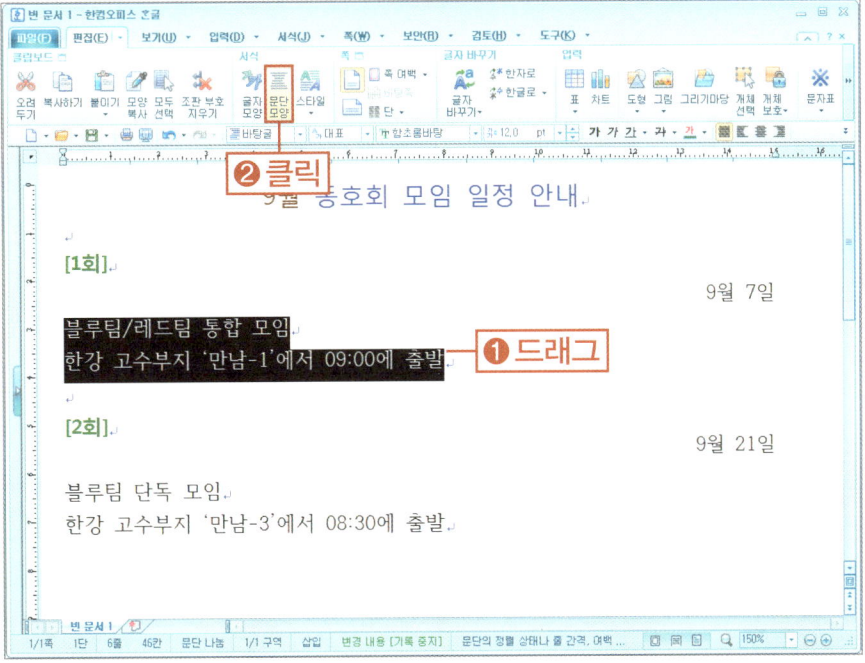

03장. 정렬하고 문단 모양 설정하기 19

STEP 2 | 문단 모양 지정하기

05 [문단 모양] 대화상자의 [기본] 탭이 나타나면 [여백]의 [왼쪽]에 '15'를 입력하고 [줄 간격]을 '185 %'로 입력한 후 [설정]을 클릭합니다.

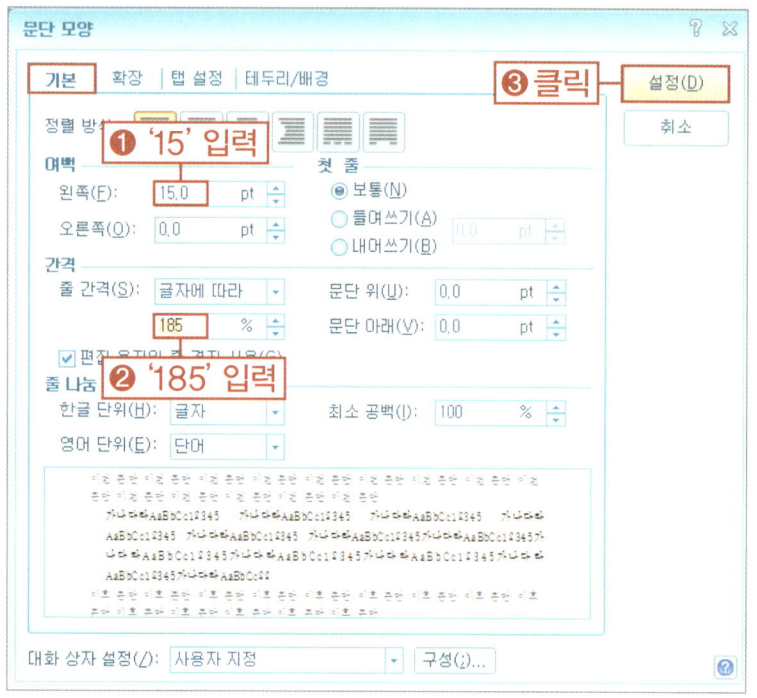

TIP 화살표 단추(⬍)를 클릭해 지정해도 되고 숫자를 직접 입력해도 됩니다.

06 이번에는 아래의 두 줄을 드래그해 지정하고 [편집] 탭에서 [문단 모양]을 클릭합니다. [문단 모양] 대화상자에서 [여백]의 [왼쪽]을 '30'으로 입력하고 [줄 간격]을 '130 %'로 지정한 후 [설정]을 클릭합니다.

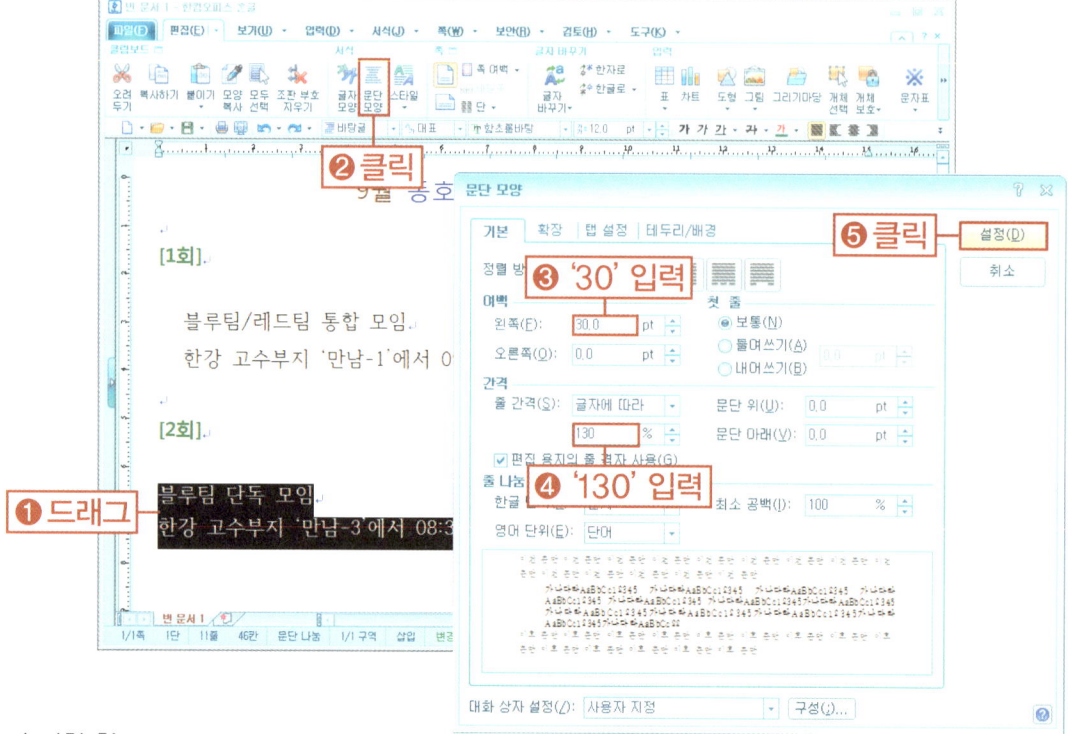

07 위쪽과 아래쪽 내용의 왼쪽 여백과 줄 간격이 다르게 지정된 것을 확인할 수 있습니다. 다시 [문단 모양]을 클릭하고 [문단 모양] 대화상자의 [기본] 탭이 나타나면 [정렬 방식] 목록의 [배분 정렬](▤)을 클릭한 후 [설정]을 클릭합니다.

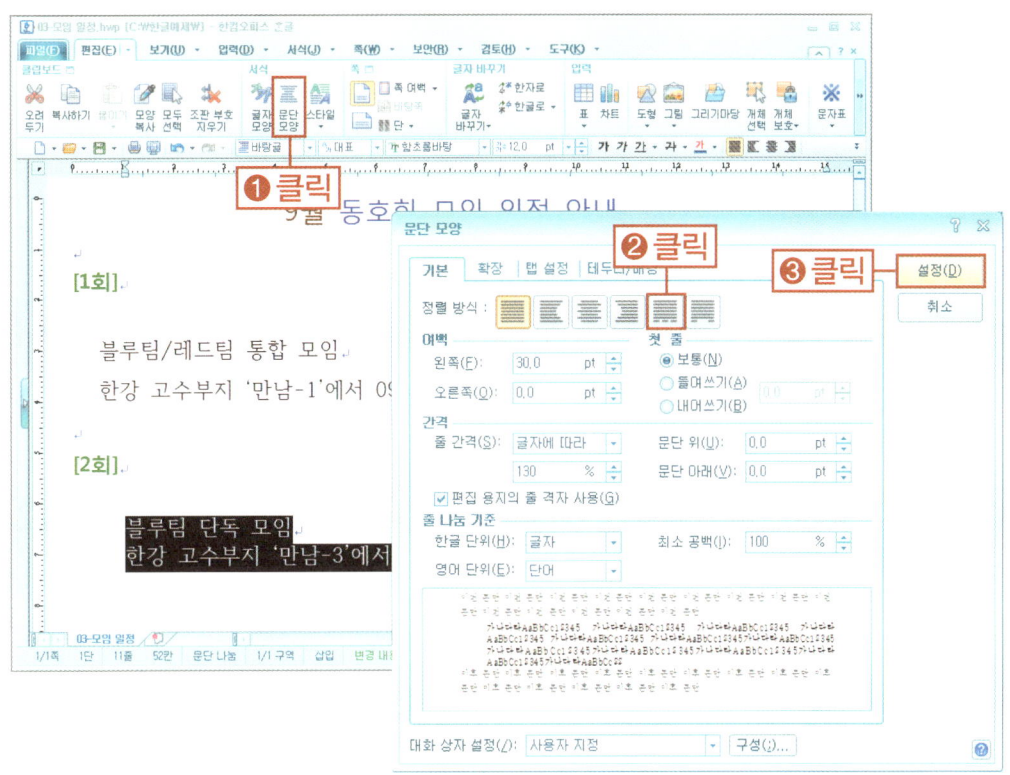

08 편집 용지의 너비에 맞게 내용이 배분되어 나타납니다.

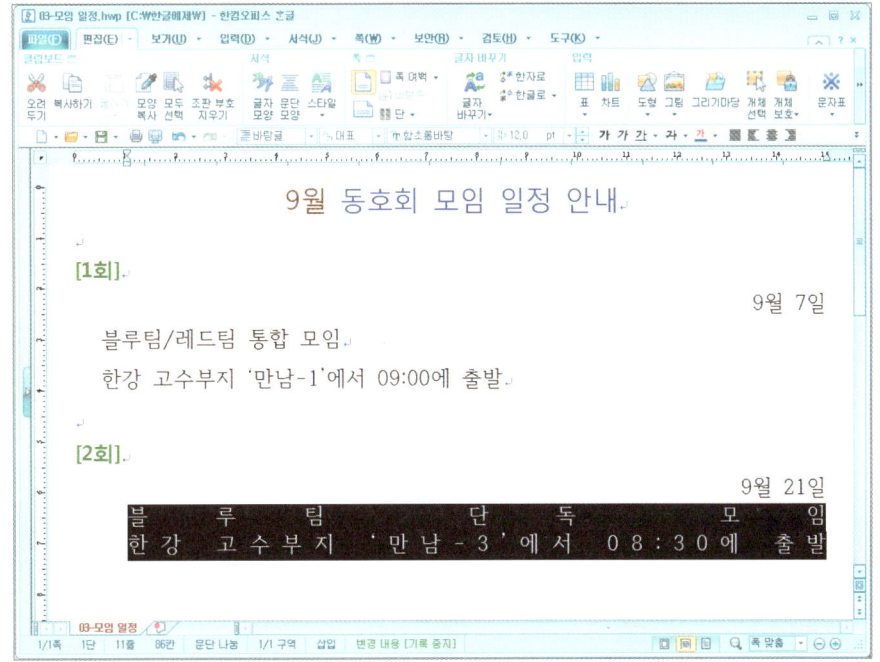

연습문제 >> 문제를 풀며 확인해보세요.

01 '03-연습1.hwp' 문서를 불러와 줄 간격과 정렬, 여백을 지정해 다음과 같이 만들어 보세요.

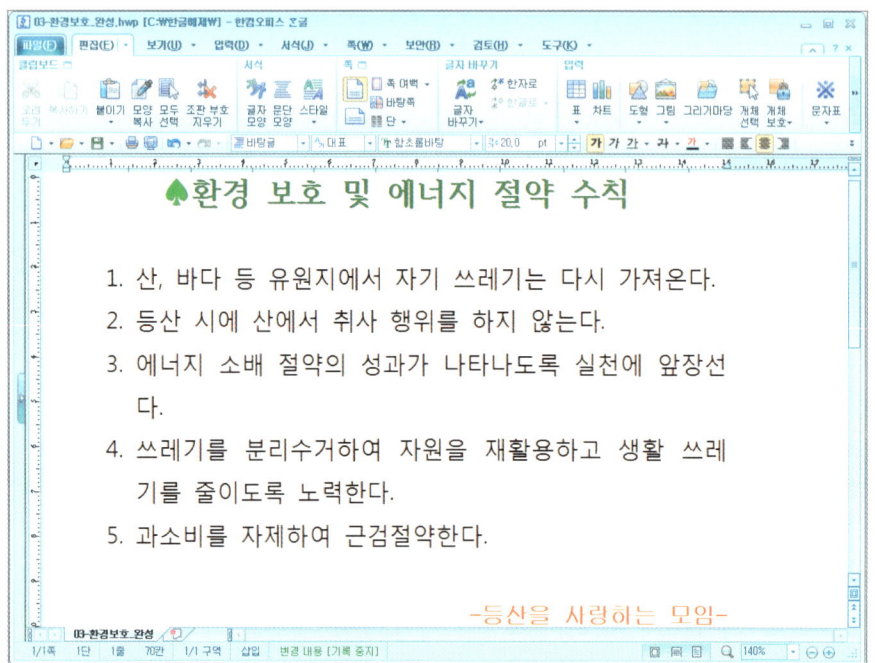

> HINT 문서 불러오기→첫 줄에서 [가운데 정렬] 클릭→마지막 줄에서 [오른쪽 정렬] 클릭→본문 1~5번을 모두 드래그해 범위로 지정하고 [편집] 탭에서 [문단 모양] 클릭→대화상자에서 [여백]의 [왼쪽]을 '25'로 지정→[간격]에서 [줄 간격]을 '180%'로 지정하고 [설정]을 클릭

02 '03-연습2.hwp' 문서를 불러와 줄 간격과 정렬, 여백을 지정해 다음과 같이 만들어 보세요.

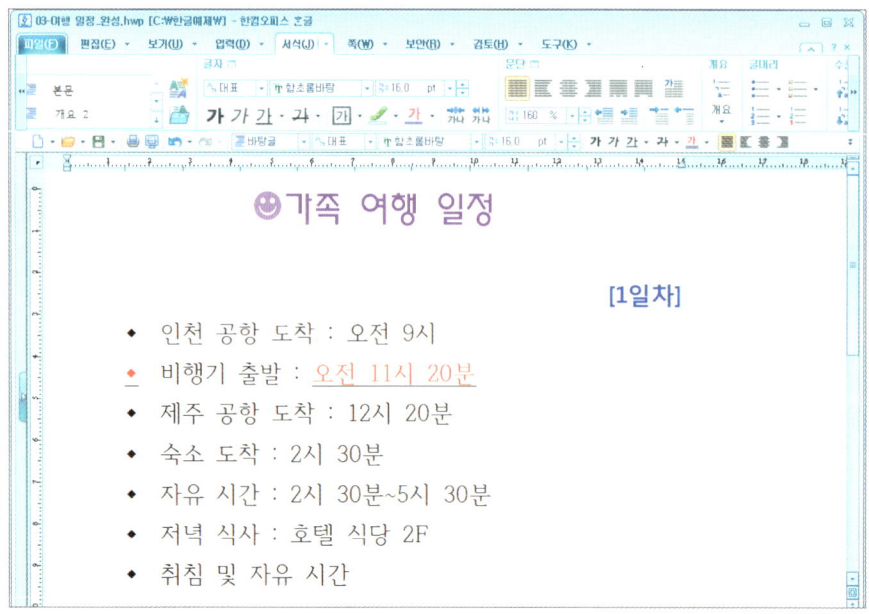

> HINT 문서 불러오기→'[1일차]'에서 [오른쪽 정렬] 클릭→본문 내용을 모두 드래그해 범위로 지정하고 [편집] 탭에서 [문단 모양] 클릭→대화상자에서 [여백]의 [왼쪽]을 '40'으로 지정→[간격]에서 [줄 간격]을 '170%'로 지정하고 [설정]을 클릭

04 내용이나 모양 복사하기

반복되는 형식이나 내용은 복사해서 붙이면 작업 시간을 절약할 수 있어 효율적입니다. 내용과 서식을 모두 복사할 수 있는 복사하기와 붙이기 기능, 내용이 아닌 서식만 복사할 수 있는 모양 복사 기능에 대해 알아봅니다.

ㅣ이런 걸 배워요!ㅣ 복사하기, 붙이기, 오려두기, 모양 복사

미리보기

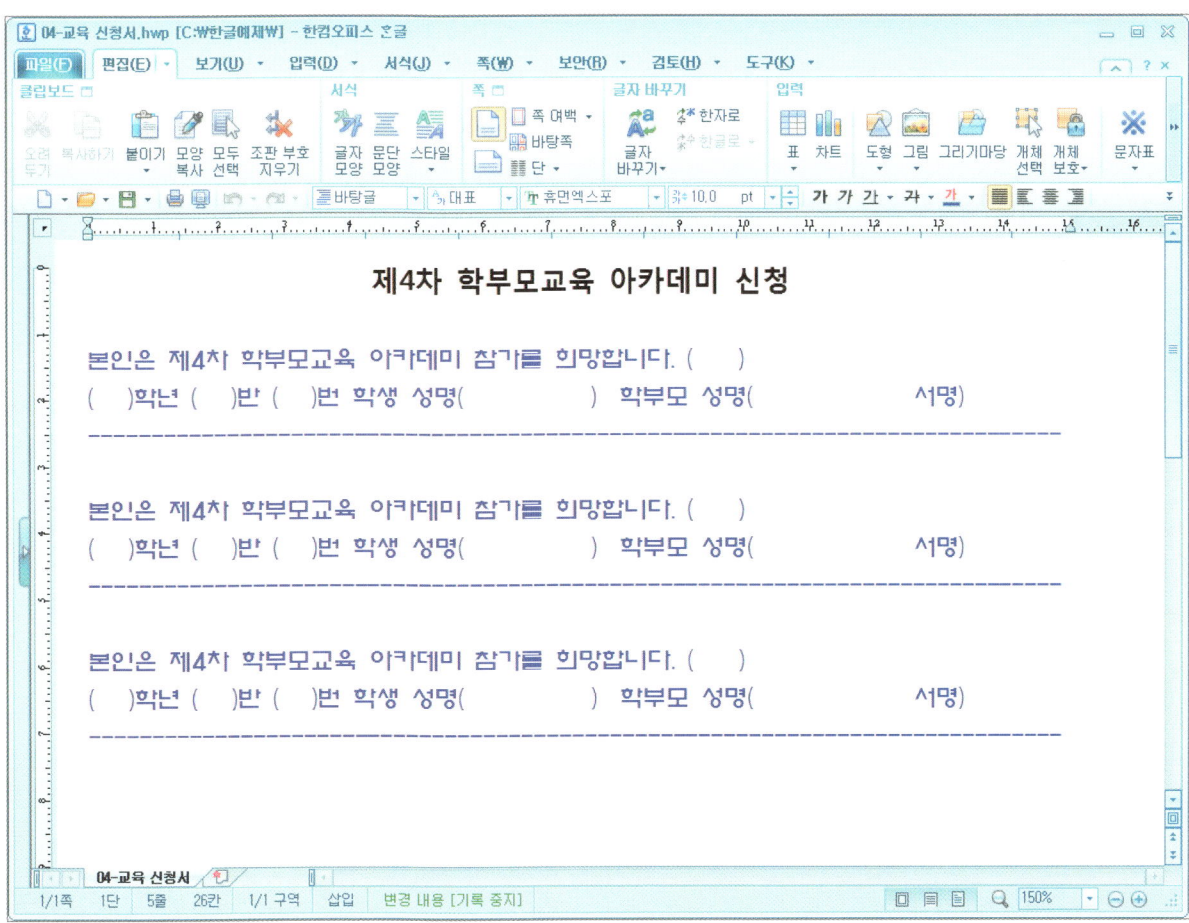

STEP 1 | 복사하기와 붙이기

01 [파일]-[불러오기]를 클릭한 후 '한글예제' 폴더에서 [04-교육 신청서.hwp] 파일을 불러옵니다.

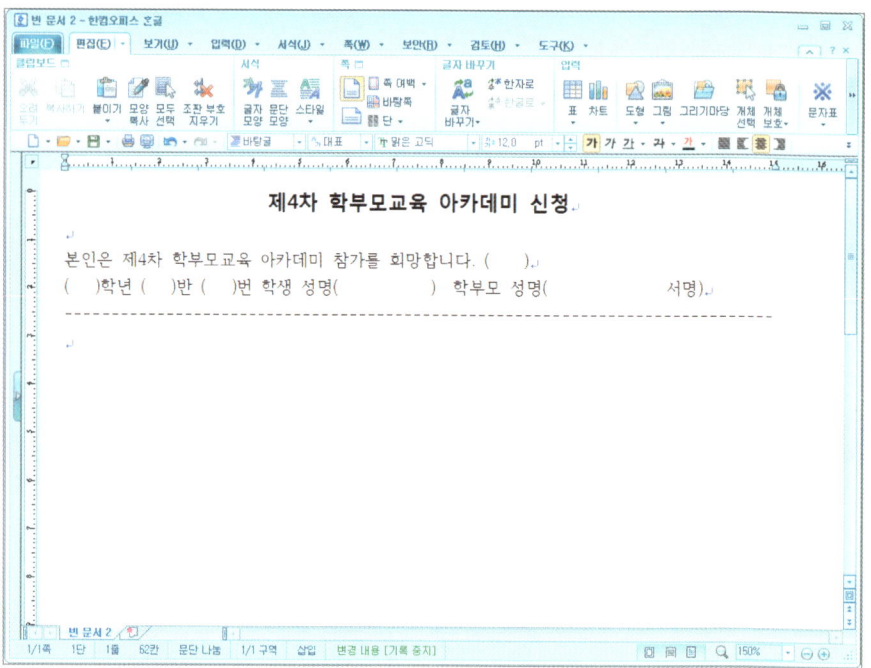

02 본문 세 줄을 드래그해 범위로 지정한 후 [편집] 탭에서 [복사하기]를 클릭합니다.

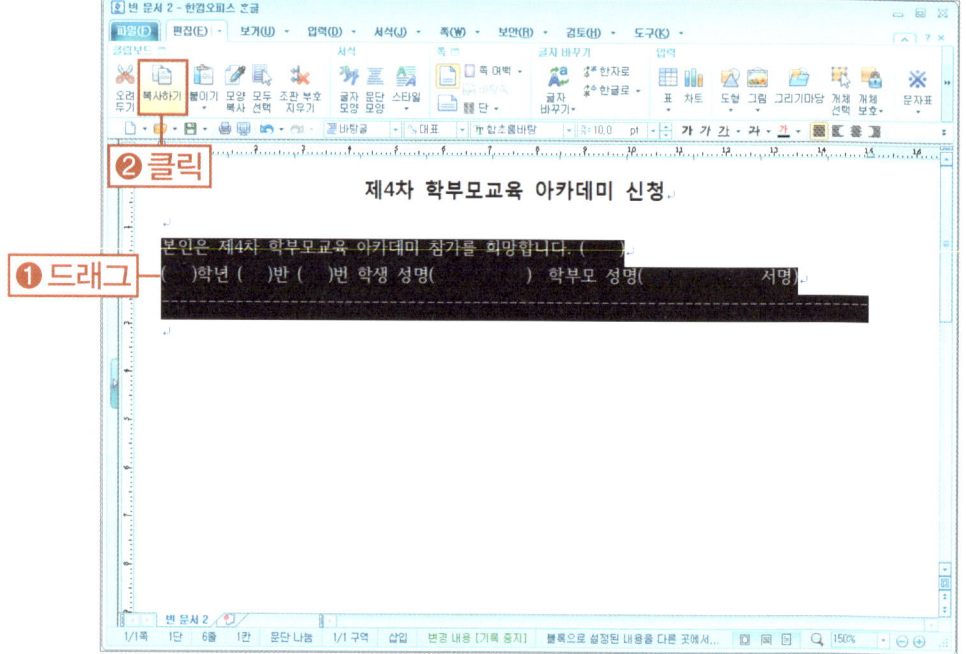

> TIP [복사하기]의 단축키인 Ctrl + C 를 눌러도 됩니다.

03 문서 마지막 줄에서 Enter 를 눌러 다음 줄로 이동한 후 [편집] 탭에서 [붙이기](📋)를 클릭합니다.

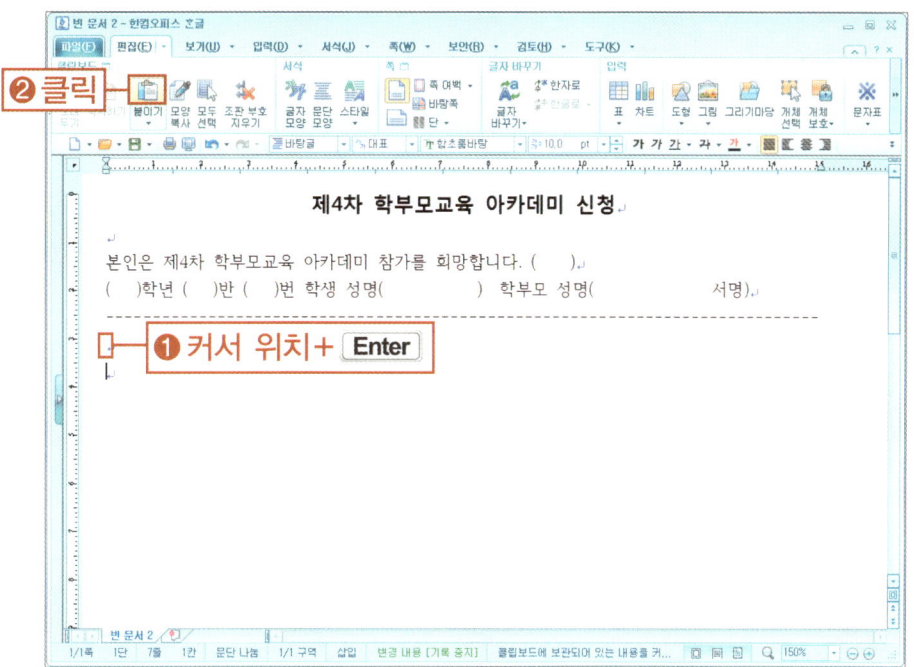

TIP [붙이기]의 단축키인 Ctrl + V 를 눌러도 됩니다.

04 복사했던 내용이 커서 위치에 붙습니다. 다시 Enter 를 눌러 다음 줄로 이동한 후 [붙이기](붙이기▼)를 클릭하고 나오는 목록에서 [붙이기]를 클릭합니다.

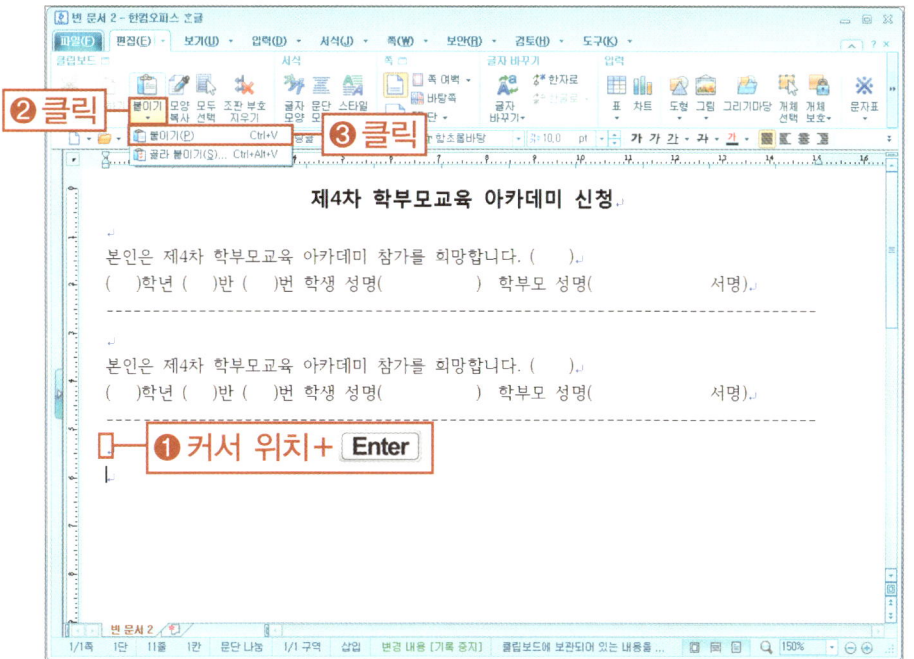

TIP
- 한 번 복사했던 내용은 임시로 기억되므로 여러 번 반복해서 붙여넣을 수 있습니다.
- [골라 붙이기]는 복사하거나 오려둔 내용을 '서식이 있는 문서', '인터넷 문서', '텍스트 문서' 등 사용자가 지정한 형식으로 붙여넣는 기능입니다.

| STEP 2 | 모양 복사하기 |

05 위쪽 본문 세 줄을 드래그해 지정한 후 [글꼴]을 [휴먼엑스포]로, [글자 색]을 [남색]으로 지정합니다.

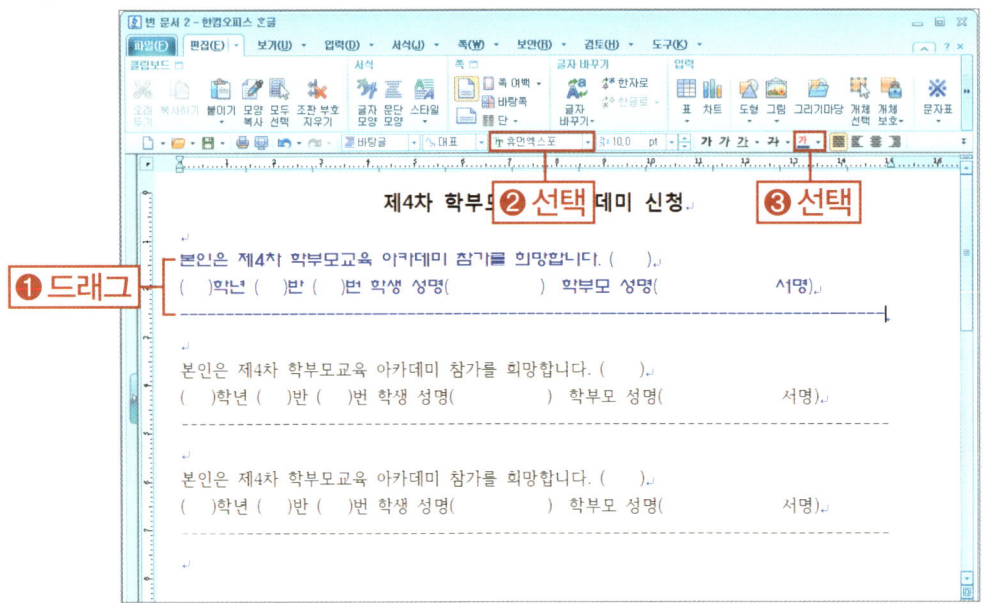

> TIP 같은 글자나 기호라도 글꼴마다 크기가 약간씩 다르기 때문에 글꼴이 변경되면서 가로 선의 길이가 넘치거나 짧아질 수 있습니다.

06 글자 모양을 지정했던 문단 안에 커서를 위치시킨 후 [편집] 탭에서 [모양 복사]를 클릭합니다. [모양 복사] 대화상자가 나타나면 [글자 모양]을 선택하고 [복사]를 클릭합니다.

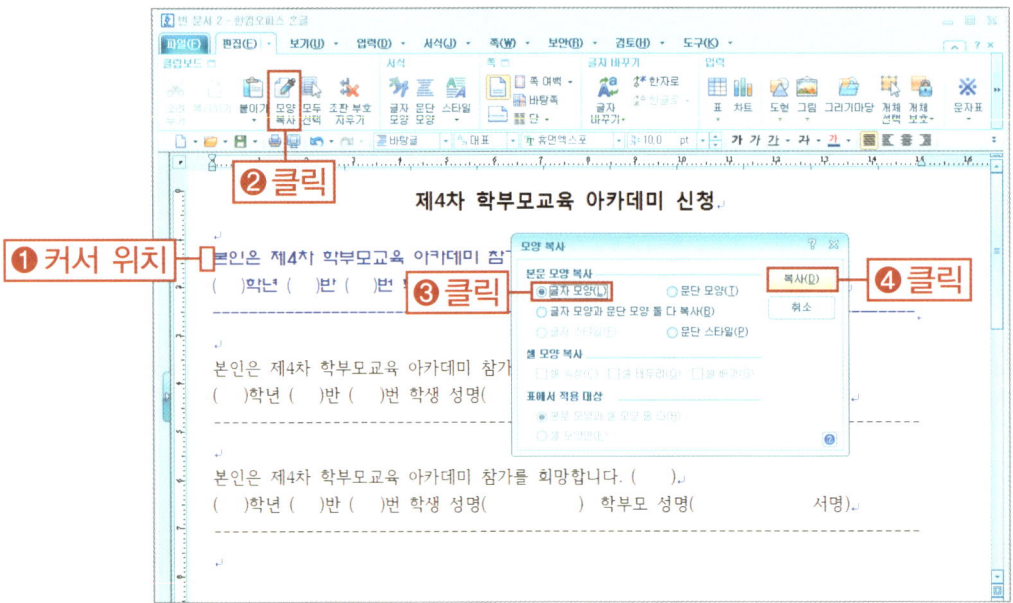

> TIP [문단 모양]을 선택하면 지정했던 문단 모양을 복사할 수 있습니다.

07 글자 모양을 복사할 부분을 드래그해 범위를 지정한 후 [편집] 탭에서 [모양 복사]를 클릭합니다.

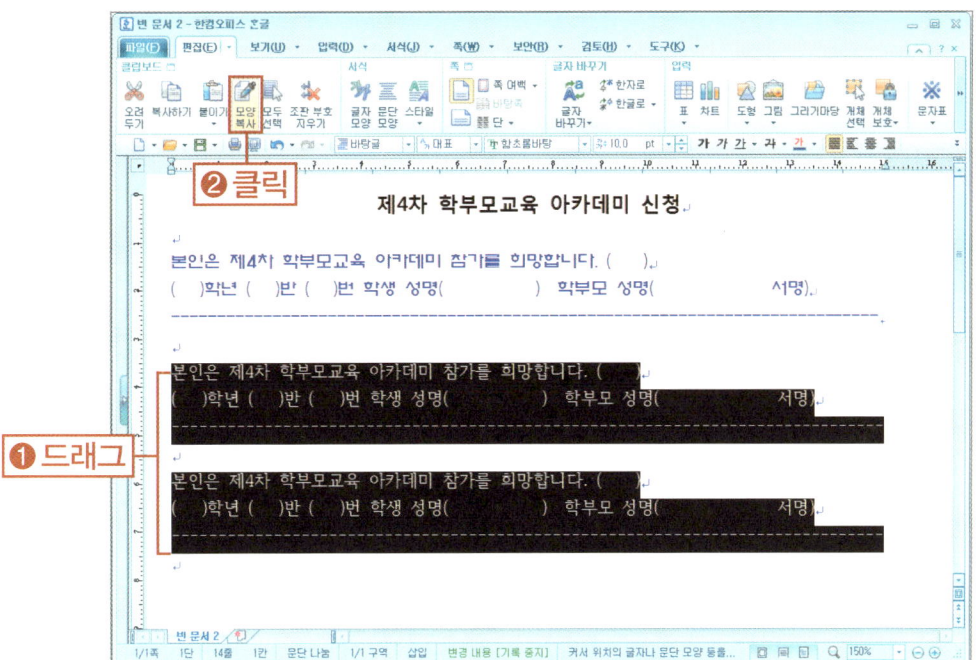

08 복사했던 글자 모양이 범위 안의 내용에 적용됩니다.

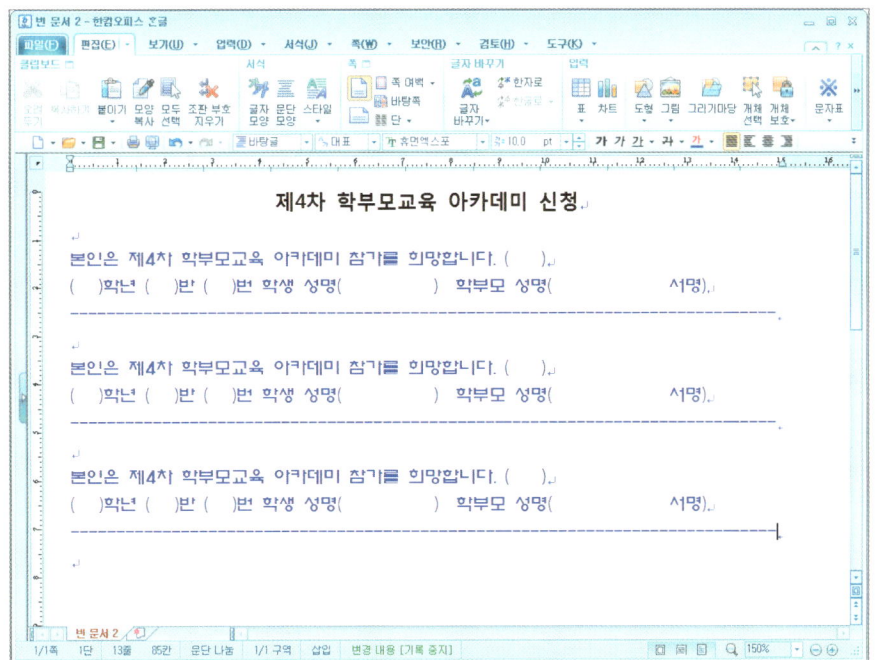

TIP [모양 복사]는 내용이 아닌 글자의 서식만을 복사해 적용합니다.

연습문제 >> 문제를 풀며 확인해보세요.

01 '04-연습1.hwp' 문서를 불러와 복사와 모양복사 기능을 이용해 다음과 같이 만들어 보세요.

> HINT 문서 불러오기→'보내는 사람'을 드래그하여 [맑은고딕, 진하게, 파랑]으로 설정→변경된 글자에 커서를 놓고 [편집]-[모양 복사] 클릭→대화상자에서 [글자 모양] 선택 후 [복사] 클릭→'받는 사람'을 드래그하고 [편집]-[모양 복사] 클릭→본문 전체 드래그한 후 [편집] 탭에서 [복사하기] 클릭→다음 단락에 [붙이기] 클릭

02 '04-연습2.hwp' 문서를 불러와 복사와 모양복사 기능을 이용해 다음과 같이 만들어 보세요.

> **동호인 한마당 참가 명찰**
>
> [번호 : A13]   [번호 : A14]
> [소속 : 양천구-1]   [소속 : 양천구-2]
> 자전거동아리 [두 바퀴 세상]   등산동아리 [산들]
> --
> [번호 : A13]   [번호 : A14]
> [소속 : 양천구-1]   [소속 : 양천구-2]
> 자전거동아리 [두 바퀴 세상]   등산동아리 [산들]
> --

> HINT 문서 불러오기→본문 전체 드래그한 후 [편집] 탭에서 [복사하기] 클릭→다음 단락에 [붙이기] 클릭→본문 첫 줄을 드래그하여 [한컴 윤체L, 진하게, 빨강]으로 설정→변경된 글자에 커서를 놓고 [편집]-[모양 복사] 클릭→대화상자에서 [글자 모양] 선택 후 [복사] 클릭→번호가 있는 줄을 드래그하고 [편집]-[모양 복사] 클릭

05 그리기 조각과 클립아트 삽입하기

문서의 내용과 관련된 그림을 삽입하면 내용을 이해하는데 도움이 되고 보기 좋은 문서로 만들 수 있습니다. 한글 2010에서 제공하는 그리기 조각과 클립아트를 삽입하고 위치와 크기를 조정해봅니다.

| 이런 걸 배워요! | 그리기 조각 삽입, 클립아트 삽입

미리보기

05장. 그리기 조각과 클립아트 삽입하기 29

STEP 1   그리기 조각 삽입하기

01 새 문서에서 [입력] 탭을 선택한 후 [그리기마당]을 클릭합니다. [그리기마당] 대화상자의 [그리기 조각] 탭이 나타나면 [선택할 꾸러미]에서 [전통(미풍양속)]을 선택하고 [개체 목록]에서 [씨름]을 선택한 후 [넣기]를 클릭합니다.

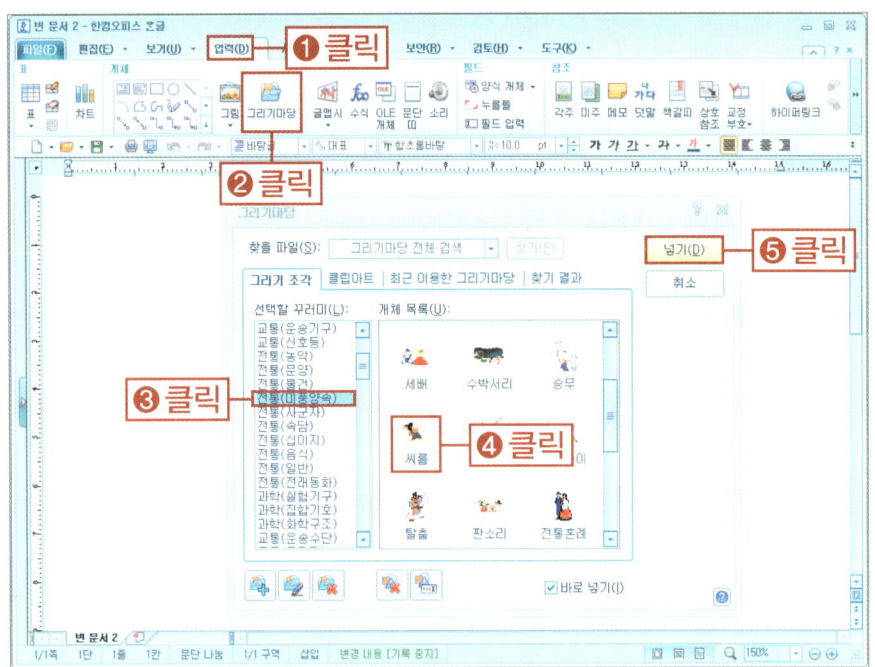

TIP 그리기마당은 주제별로 꾸러미를 만들어 그 안에 관련 그림을 모아둔 곳입니다.

02 마우스 포인터가 십자 모양이 되었을 때 대각선 방향으로 드래그해 그림을 삽입합니다.

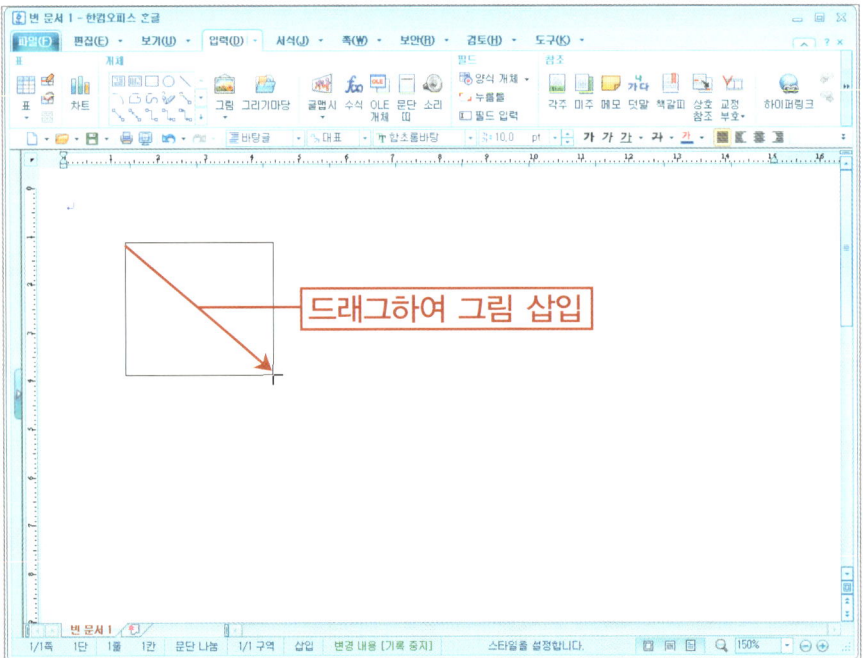

03 그림이 나타나면 그림을 드래그해 위치를 다음과 같이 이동시킨 후 파란색 조절점을 드래그하여 크기를 조절합니다.

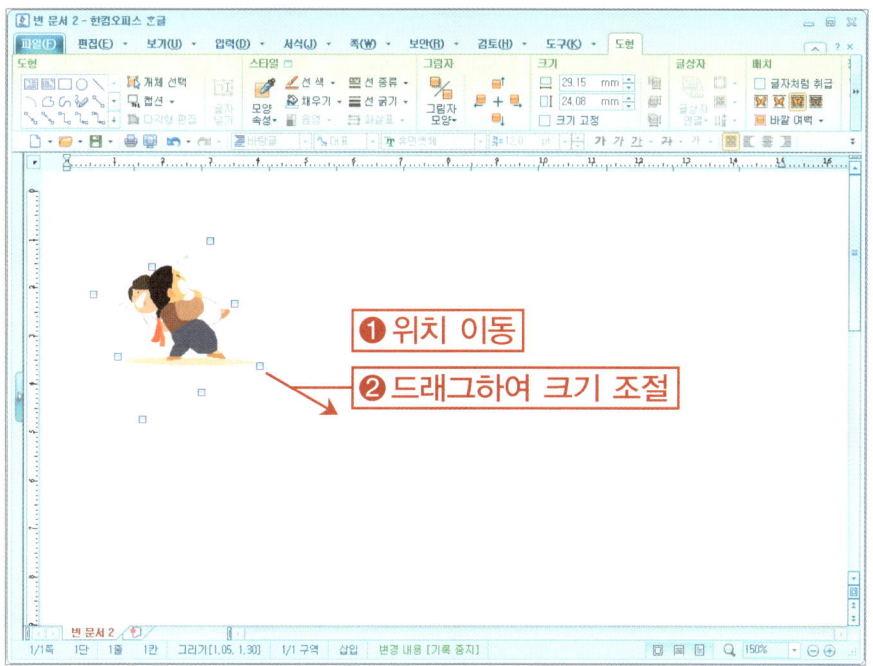

TIP 삽입된 그리기 조각이 선택되면 [도형] 탭이 자동으로 나타납니다.

STEP 2 클립아트 삽입하기

04 [입력] 탭의 [그리기마당]을 클릭합니다. [그리기마당] 대화상자의 [클립아트] 탭을 클릭하고 [선택할 꾸러미]에서 [스포츠]를 선택합니다. [개체 목록]에서 [산악자전거]를 선택한 후 [넣기]를 클릭합니다.

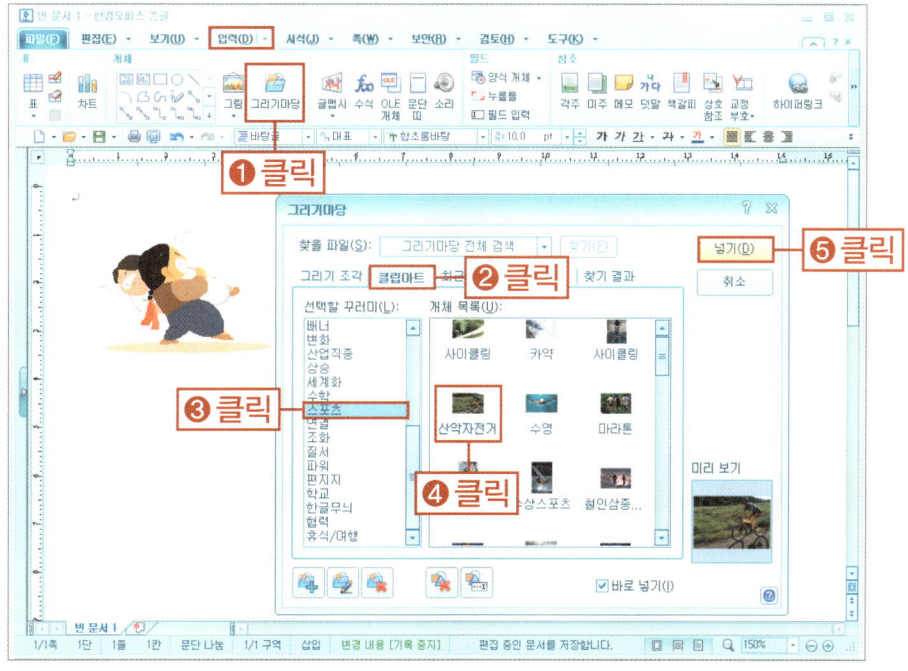

05장. 그리기 조각과 클립아트 삽입하기 31

05 마우스를 대각선 방향으로 드래그해 그림을 삽입합니다. [그림] 탭의 [효과] 그룹에서 [네온]-[강조색 4, 15pt]를 클릭해 적용합니다.

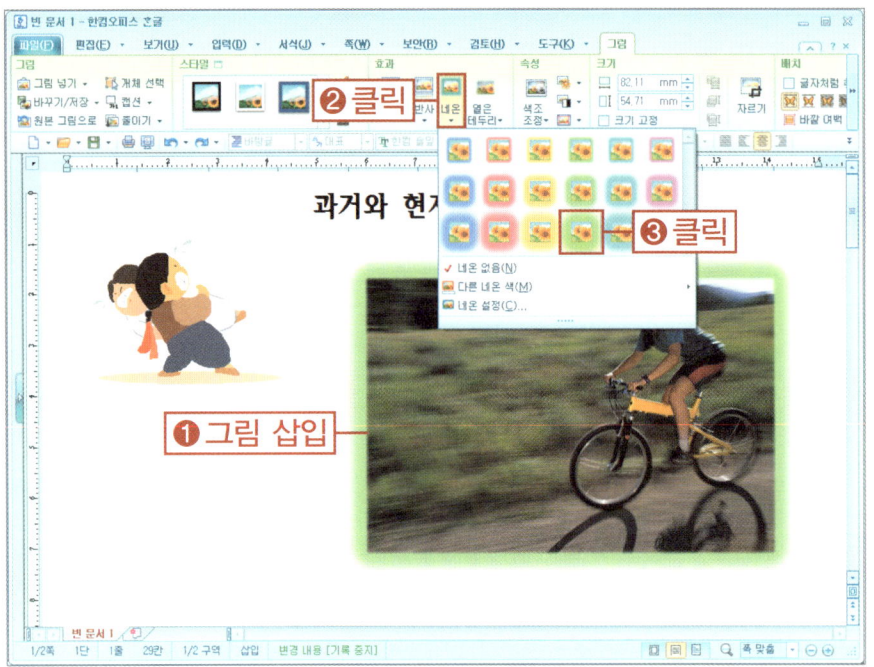

TIP 삽입된 클립아트가 선택되면 [그림] 탭이 자동으로 나타납니다.

06 [그림] 탭의 [스타일] 그룹에서 목록 단추(▼)를 클릭한 후 [옅은 테두리 반사]를 선택해 스타일을 변경합니다.

연습문제 >> 문제를 풀며 확인해보세요.

01 제목과 내용을 입력한 후 그리기마당의 그리기 조각을 삽입하고 배치하여 다음과 같은 소개글을 만들어 보세요.

HINT 제목과 내용 입력(궁서체, 20pt, 15pt)→[입력] 탭-[그리기마당] 클릭→[그리기마당] 대화상자의 [그리기 조각] 탭에서 [전통(미풍양속)] 꾸러미를 선택→'차전놀이', '사물놀이', '널뛰기2', '쥐불놀이'의 순으로 하나씩 선택한 후 [넣기]를 클릭해 삽입(총 네 번 삽입)

02 제목을 입력하고 그리기마당의 클립아트에서 다음과 같이 그림을 삽입한 후 효과를 지정해 꾸며 보세요.

HINT 제목 입력(HY강B, 30pt, 24pt)→[입력] 탭-[그리기마당] 클릭→[그리기마당] 대화상자의 [클립아트] 탭에서 [가족] 꾸러미를 선택→'가족10', '가족15'를 각각 선택해 삽입→'가족10' 그림을 선택하고 [그림] 탭에서 [네온]-[강조색 2, 15 pt] 선택→'가족15' 그림을 선택하고 [그림] 탭에서 [옅은 테두리]-[3 pt] 선택→다시 [반사]-[1/2 크기, 근접] 선택

06 그림 삽입하기

사용자가 가지고 있는 그림 파일을 문서 안에 삽입하고 다양한 효과를 지정할 수 있습니다. 필요한 부분만 잘라 사용할 수 있고 입력된 글자와 어울리도록 배치할 수도 있습니다. 한글 2010의 그림 삽입 기능에 대해 알아봅니다.

|이런 걸 배워요!| 그림 삽입, 그림 효과 지정하기, 그림 자르기

미리보기

34 눈이 편한 한글

STEP 1 　문서에 그림 삽입하기

01 [파일]-[불러오기]를 클릭한 후 '한글예제' 폴더에서 [06-오대산 탐방.hwp] 파일을 불러옵니다. 커서를 마지막 줄에 놓고 [입력] 탭을 선택한 후 [그림]을 클릭합니다.

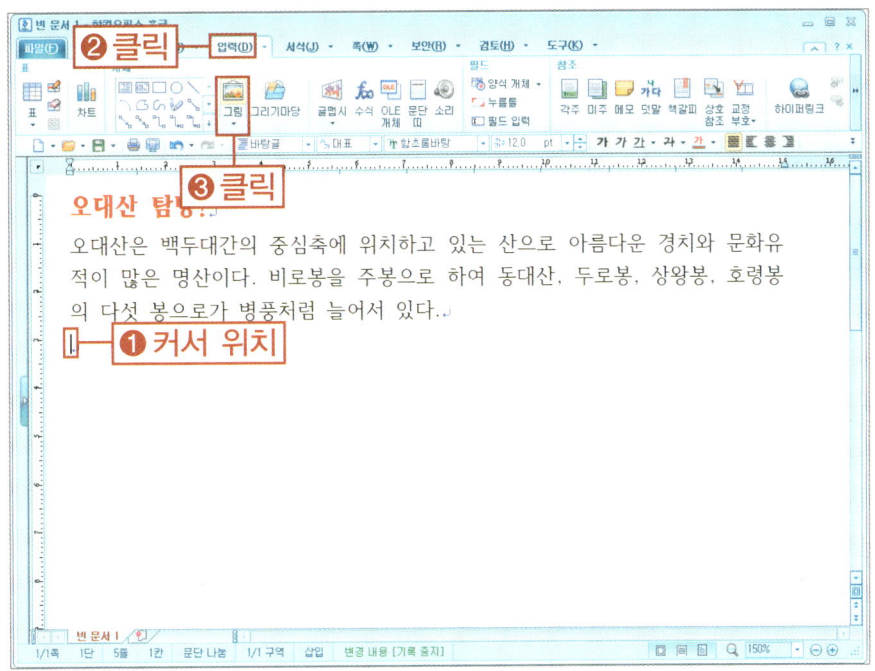

02 [그림 넣기] 대화상자가 나타나면 그림이 저장된 폴더를 선택합니다. 삽입할 그림 파일(06-사진1.jpg)을 선택한 후 [넣기]를 클릭합니다.

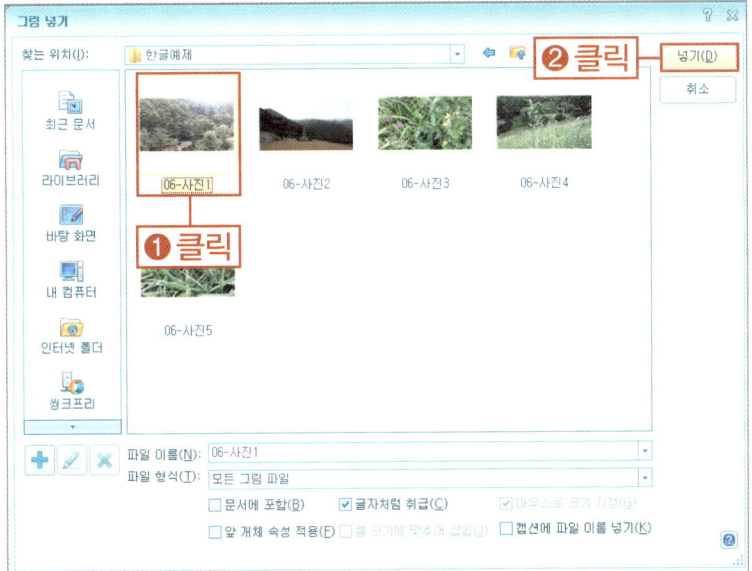

TIP
- 이동할 폴더를 더블 클릭하면 해당 폴더가 [찾는 위치]에 나타나고 폴더 안의 내용이 목록에 보입니다.
- [글자처럼 취급]에 체크되어 있으며 [마우스로 크기 지정]의 체크는 해제되어 있습니다. 그림을 드래그해 위치를 움직이려면 [글자처럼 취급]의 체크를 해제하면 됩니다.

06장. 그림 삽입하기 35

03 그림을 넣을 위치를 마우스로 클릭하면 이미지가 삽입됩니다. 이후 그림의 크기를 줄이기 위해 조절점을 안쪽으로 드래그해 축소합니다.

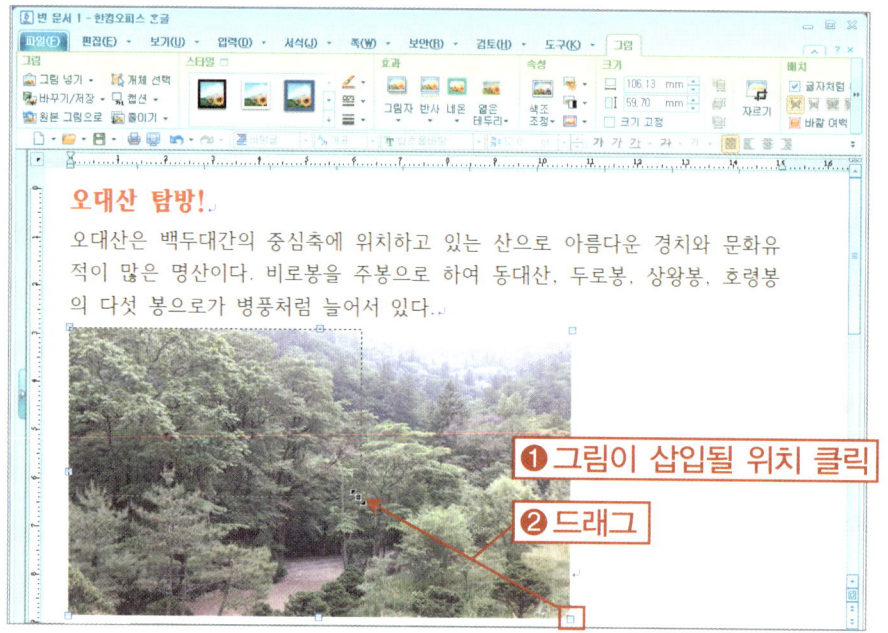

> **TIP** 잘못 삽입했을 경우에는 그림이 선택된 상태에서 Delete 를 누릅니다.

STEP 2 | 그림에 효과 지정하기

04 그림을 선택한 상태에서 [그림] 탭의 [반사]를 클릭하고 [1/2 크기, 4 pt]를 선택합니다.

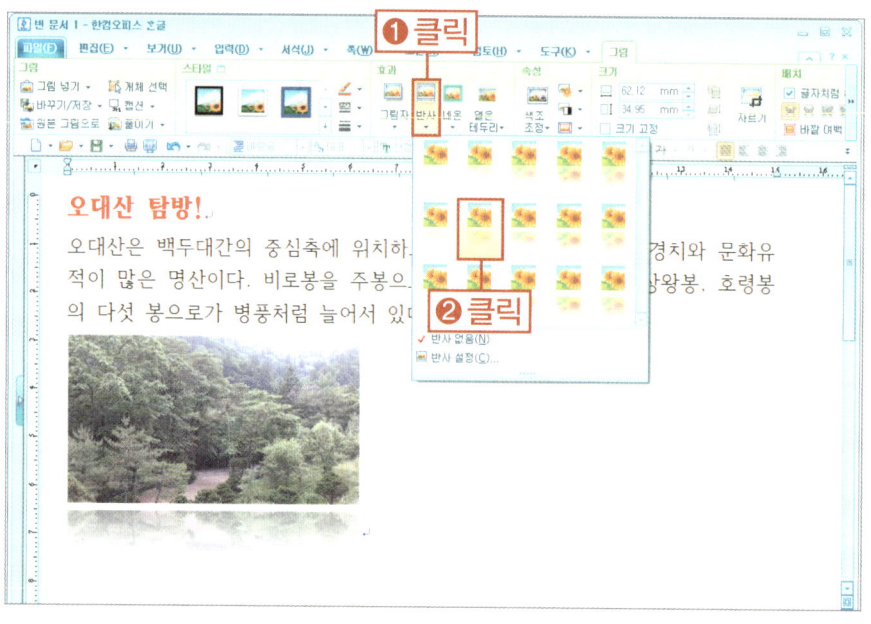

> **TIP** 선택한 반사 효과를 취소하고 싶을 경우 다시 [반사]를 클릭한 후 [반사 없음]을 선택합니다.

05 그림이 선택된 상태에서 [그림] 탭-[속성] 그룹의 [대비](),를 클릭하고 '높게' 메뉴에서 [+40%]를 선택해 선명하게 수정합니다.

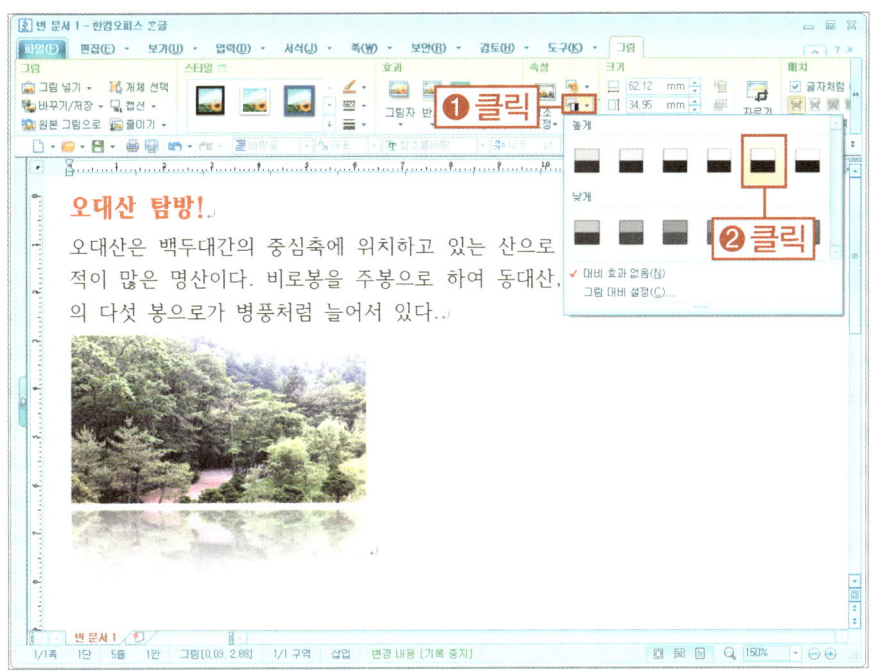

06 [입력] 탭을 클릭한 후 [그림]을 선택합니다. [그림 넣기] 대화상자가 나타나면 사진이 있는 폴더를 선택해 이동합니다. 삽입할 그림 파일(06-사진3.jpg)을 선택한 후 [넣기]를 클릭합니다.

07 위와 같은 방법으로 그림을 삽입한 후 조절점을 드래그해 크기를 줄이고 [그림] 탭에서 [자르기]를 클릭합니다.

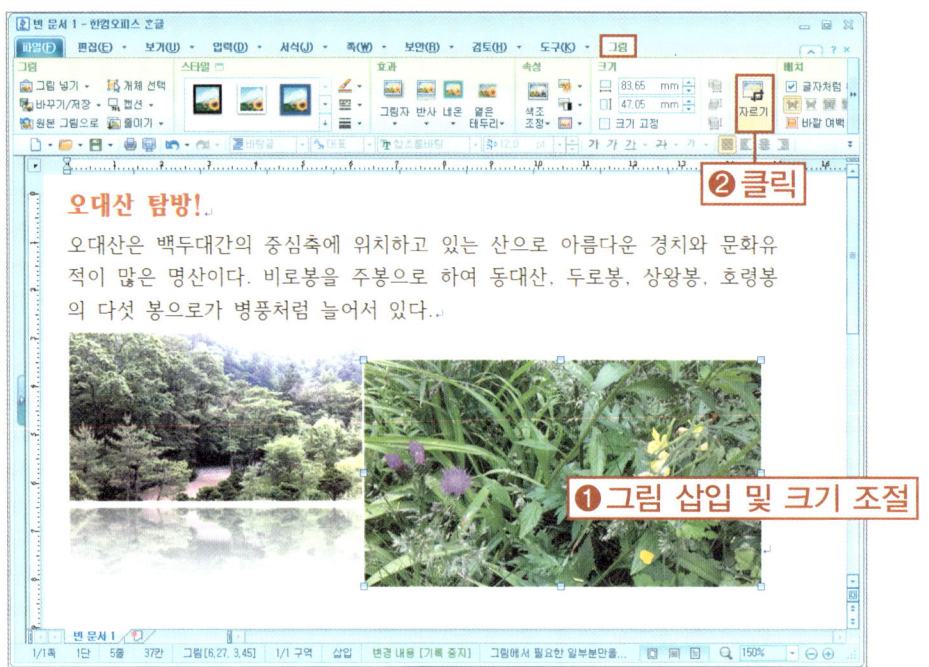

08 조절점이 검은 선으로 바뀌면 오른쪽 조절점을 그림 안쪽으로 드래그해 그림의 오른쪽 부분을 잘라냅니다. 이후 [자르기]를 한 번 더 클릭하여 자르기 상태를 해제시킵니다.

> **TIP** 키보드의 Esc 를 눌러도 자르기 상태를 해제할 수 있습니다.

09 그림의 조절점을 드래그해 왼쪽 사진의 크기에 맞게 확대한 후 [그림] 탭의 [옅은 테두리]를 클릭하고 [10 pt]를 선택합니다.

10 이번에는 [네온]을 클릭하고 [강조 색 3, 5 pt]를 선택합니다.

TIP [그림] 탭에서 [네온]-[네온 없음]을 선택하면 네온 지정을 해제할 수 있습니다.

연습문제 >> 문제를 풀며 확인해보세요.

01 '06-연습1.hwp' 파일을 불러와 사진을 삽입하고 크기에 맞게 자른 후 효과를 지정해 글 아래쪽에 배치해 보세요.

HINT 문서 불러오기→[입력] 탭-[그림]을 클릭하고 [그림 넣기] 대화상자에서 '06-사진2.jpg'를 선택한 후 [넣기] 클릭→그림 삽입→[그림] 탭-[자르기] 클릭하고 위쪽과 아래쪽 그림을 잘라냄→[그림] 탭-[옅은 테두리]-[10 pt] 선택

02 '06-연습2.hwp' 파일을 불러와 사진을 삽입하고 크기에 맞게 자른 후 효과를 지정해 다음과 같이 배치해 보세요.

HINT 문서 불러오기→[입력] 탭-[그림]을 클릭하고 [그림 넣기] 대화상자에서 '06-사진4.jpg', '06-사진5.jpg'를 차례로 삽입하고 크기 조정→'06-사진4'에 [그림]-[스타일] 그룹의 [에메랄드색 네온] 스타일 지정→'06-사진5'에서 [자르기]를 선택해 아래쪽을 잘라내고 [옅은 테두리]-[5 pt]선택→다시 [반사]-[1/2 크기, 8 pt] 클릭

07 용지 설정하고 인쇄하기

문서를 작성하기 전에 미리 용지 방향과 여백 등을 설정하면 인쇄 시에 다시 지정하지 않아도 됩니다. 용지 관련 설정 방법과 인쇄 옵션, 인쇄 전 미리 확인하는 기능 등에 대해 알아보고 문서를 인쇄해 봅니다.

I 이런 걸 배워요! I 용지 방향 설정, 용지 여백 설정, 인쇄 미리 보기, 인쇄 옵션 설정

미리보기

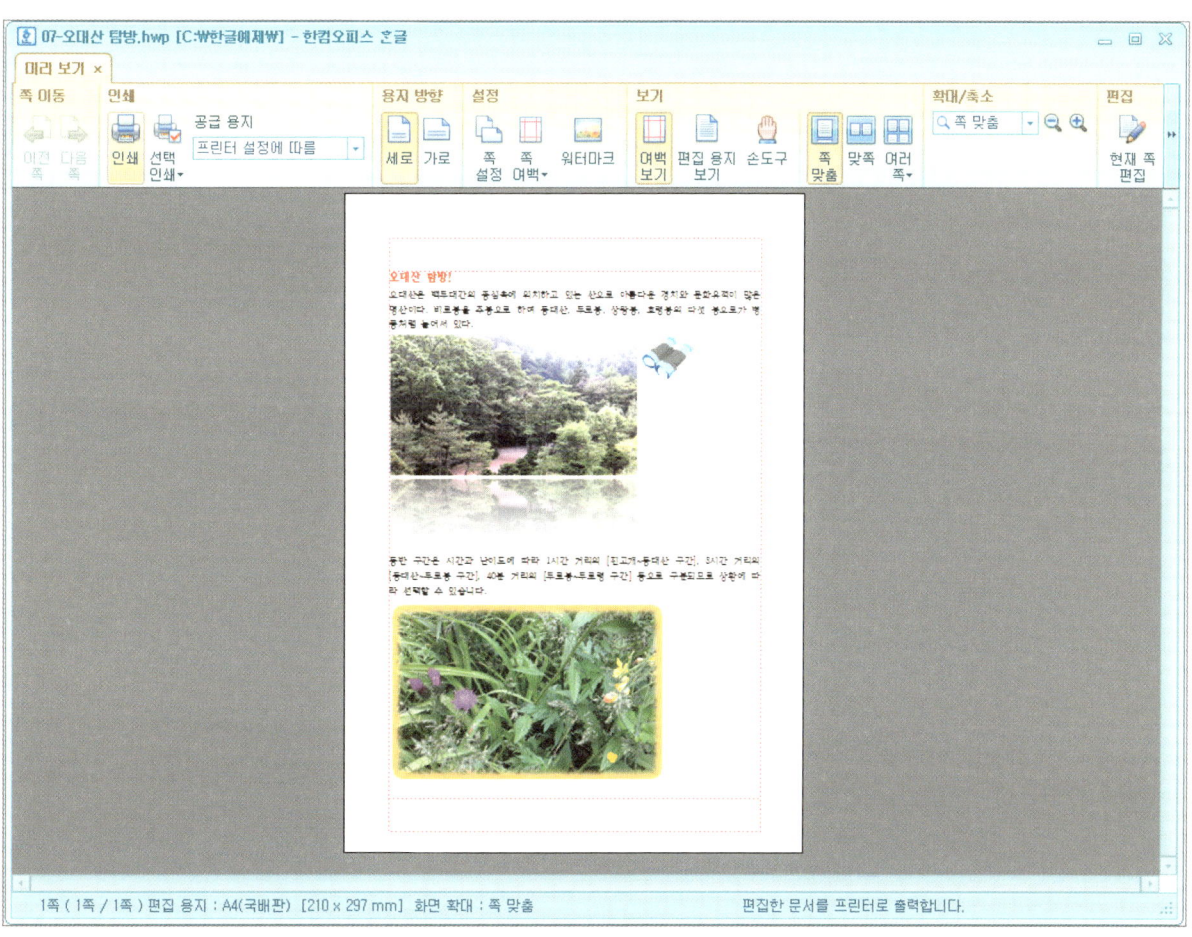

STEP 1 편집 용지 설정하기

01 [파일]-[불러오기]를 클릭한 후 '한글예제' 폴더에서 '07-오대산 탐방.hwp' 문서를 불러옵니다. 문서가 나타나면 [쪽] 탭의 목록 단추(▼)를 클릭하고 [편집 용지]를 선택합니다.

> **TIP** 단축키인 F7을 누르면 바로 '편집 용지' 대화상자가 나타납니다.

02 [편집 용지] 대화상자의 [기본] 탭이 나타나면 [용지 방향]을 [세로]로 선택하고 [용지 여백]에서 [왼쪽]과 [오른쪽]을 '20'으로, [아래쪽]을 '10'으로 지정한 후 [설정]을 클릭합니다.

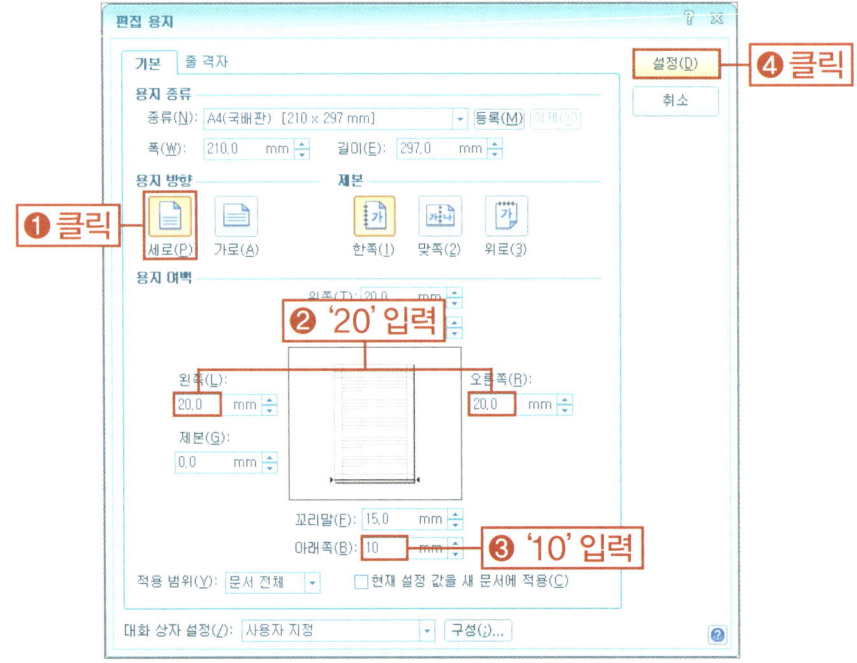

STEP 2 | 인쇄 설정하기

03 용지 설정이 완료되면 서식 도구 상자에서 [미리 보기](🔍)를 클릭합니다.

04 [미리 보기] 창이 열리고 용지에 인쇄될 모습이 보입니다. 여백의 위치를 정확히 확인하기 위해 [여백 보기]를 클릭합니다.

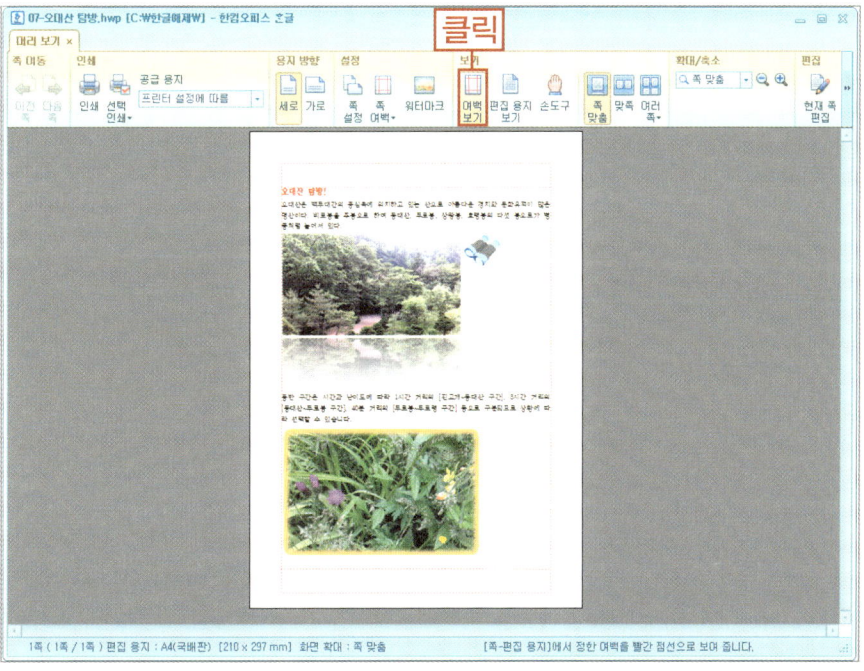

TIP 각각의 여백 부분이 빨간 점선으로 나타납니다.

07장. 용지 설정하고 인쇄하기 43

05 마우스 포인터가 [확대](🔍) 모양일 때 클릭해 용지의 확대된 모습을 확인한 다음 도구 상자에서 [인쇄]를 클릭합니다.

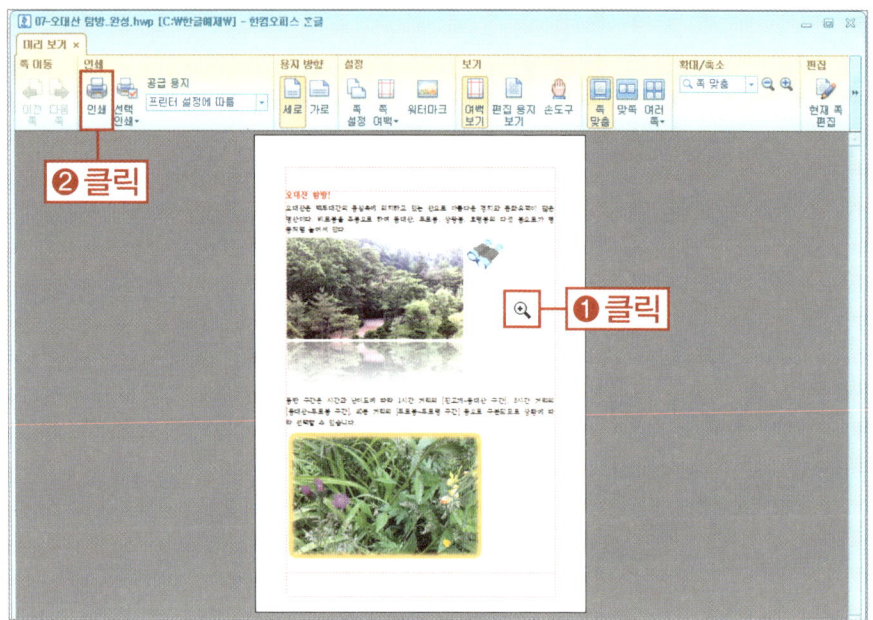

TIP
- 마우스 포인터가 [축소](🔍)로 변경될 때 클릭하면 용지의 원래 상태 크기로 되돌릴 수 있습니다.
- 도구 상자 오른쪽 끝의 [닫기]를 클릭하면 원래의 편집 상태로 이동할 수 있습니다.

06 [인쇄] 대화상자의 [기본] 탭이 나타나면 [프린터 선택]에서 연결된 프린터를 확인하고 [인쇄 범위]에서 [문서 전체]를 선택한 후 [인쇄]를 클릭해 문서를 인쇄합니다.

TIP 같은 페이지를 여러 장 인쇄할 경우에는 [인쇄 매수]에서 장 수를 지정합니다. 또 [일부분]에서 인쇄할 페이지를 '2, 4', '2-5'와 같이 지정하면 지정한 페이지만 인쇄할 수 있습니다.

연습문제 >> 문제를 풀며 확인해보세요.

01 '07-연습.hwp' 문서를 불러와 용지 여백을 변경하고 인쇄 미리 보기 창에서 확인해 보세요([왼쪽](33), [오른쪽](33), [위쪽](20), [아래쪽](20), [머리말](15), [꼬리말](15)).

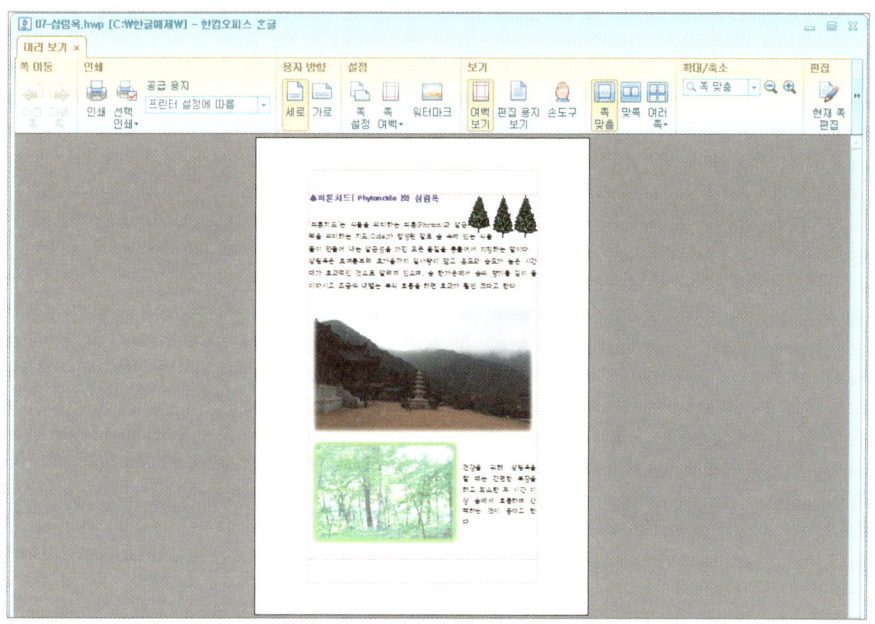

HINT 문서를 열고 키보드의 F7 누름→용지 여백 지정([왼쪽](33), [오른쪽](33), [위쪽](20), [아래쪽](20), [머리말](15), [꼬리말](15))→서식 도구 상자에서 [미리 보기] 클릭→도구 상자에서 [여백 보기] 클릭

02 '07-연습.hwp' 문서에서 용지의 왼쪽과 오른쪽 여백을 '20'으로 수정하고 미리 보기 창을 열어 확대해 변경된 배치를 확인해 보세요.

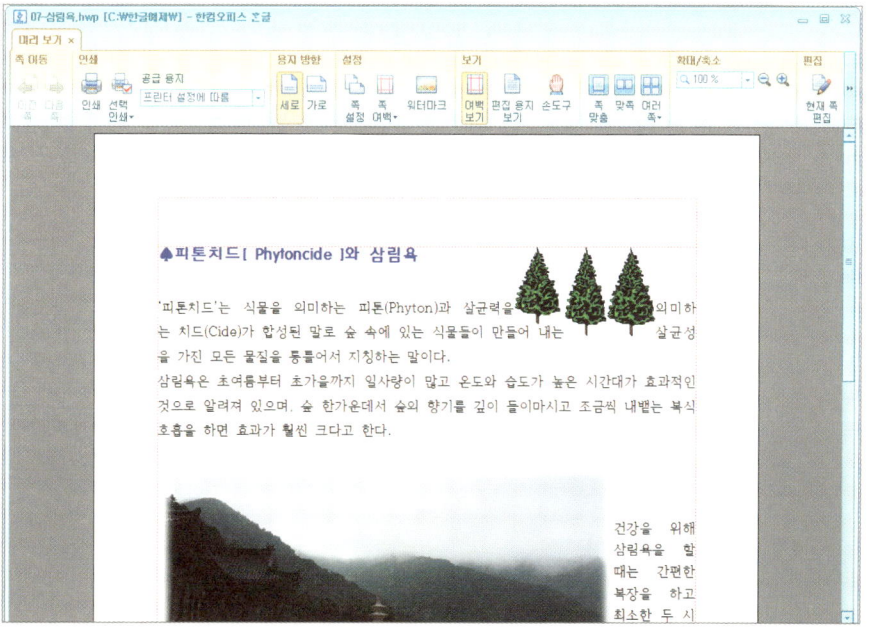

HINT [쪽] 탭에서 [쪽 여백]-[쪽 여백 설정]을 클릭→용지 여백 지정([왼쪽](20), [오른쪽](20))→서식 도구 상자에서 [미리 보기] 클릭→도구 상자에서 [여백 보기] 클릭→화면을 클릭해 확대

08 한자와 기호 삽입하기

한글과 영문 외에도 문서 안에 기호나 한자를 삽입할 수 있습니다. 먼저 한글을 입력한 후 해당 음을 가진 한자 목록에서 한자를 선택해 변환할 수 있습니다. 한자로 변환하는 방법과 기호 목록에서 기호를 삽입하는 방법을 알아봅니다.

| 이런 걸 배워요! | 한자 변환, 기호 삽입

미리보기

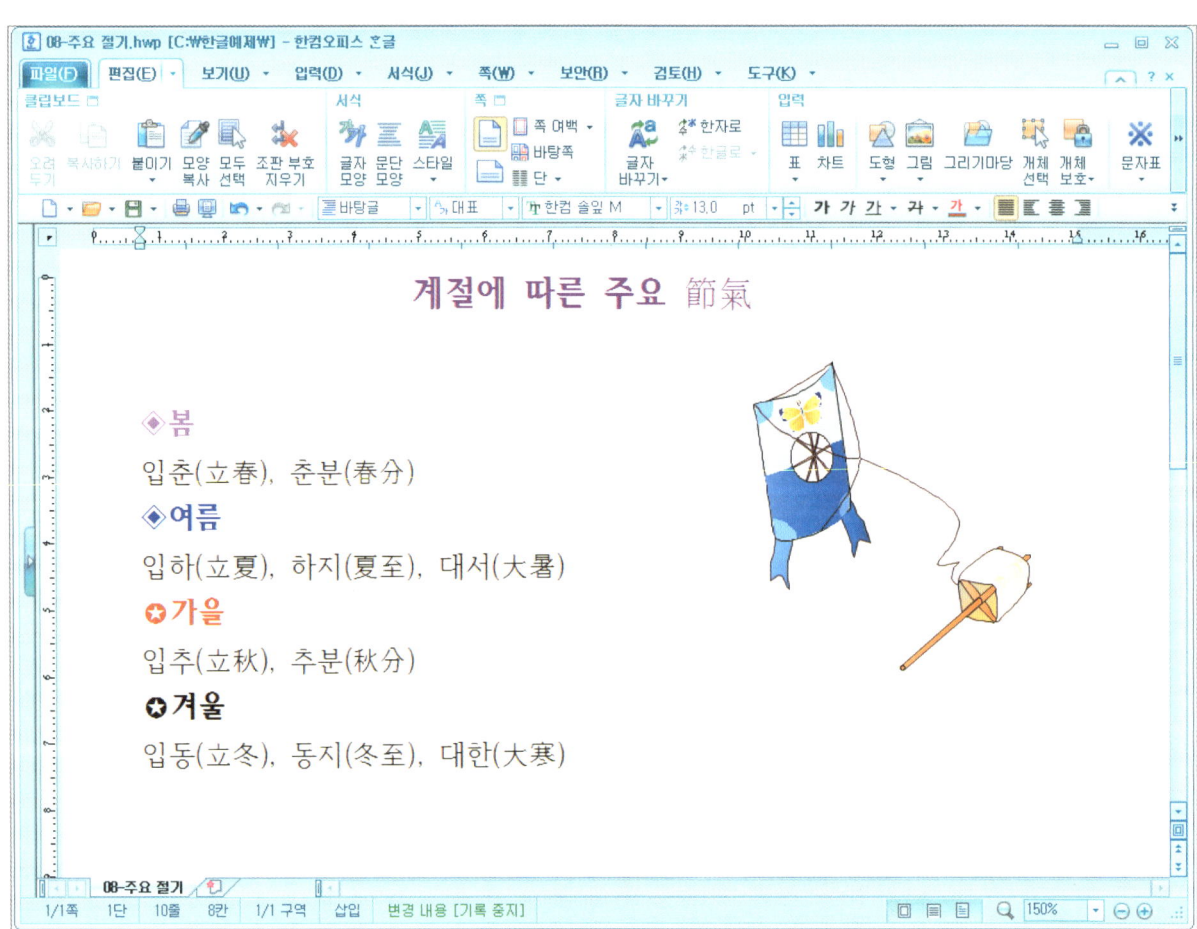

STEP 1 한자 변환하기

01 [파일]-[불러오기]를 클릭한 후 '한글예제' 폴더에서 [08-주요 절기.hwp] 파일을 불러옵니다. 이후 '절기' 뒤에 커서를 위치시킨 후 [한자로 바꾸기]의 단축키인 F9를 누릅니다.

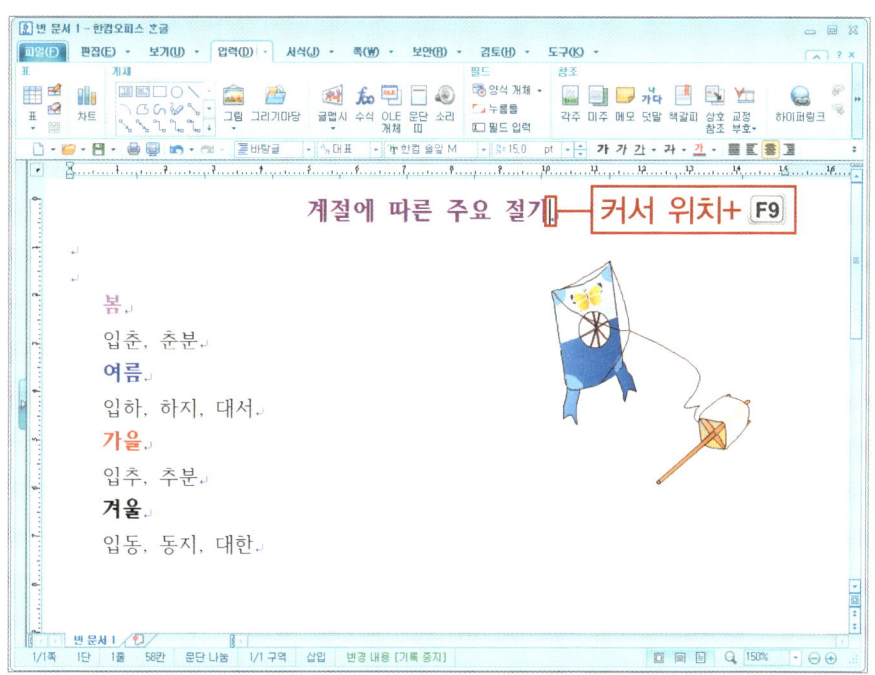

TIP 키보드 하단의 [한자]를 누르거나 [입력] 탭의 목록 단추(▼)를 클릭한 후 [한자 입력]-[한자로 바꾸기]를 선택해도 됩니다.

02 [한자로 바꾸기] 대화상자가 나타나면 [한자 목록]에서 바꿀 한자를 찾아 선택하고 [자전 보이기](📖)를 클릭합니다.

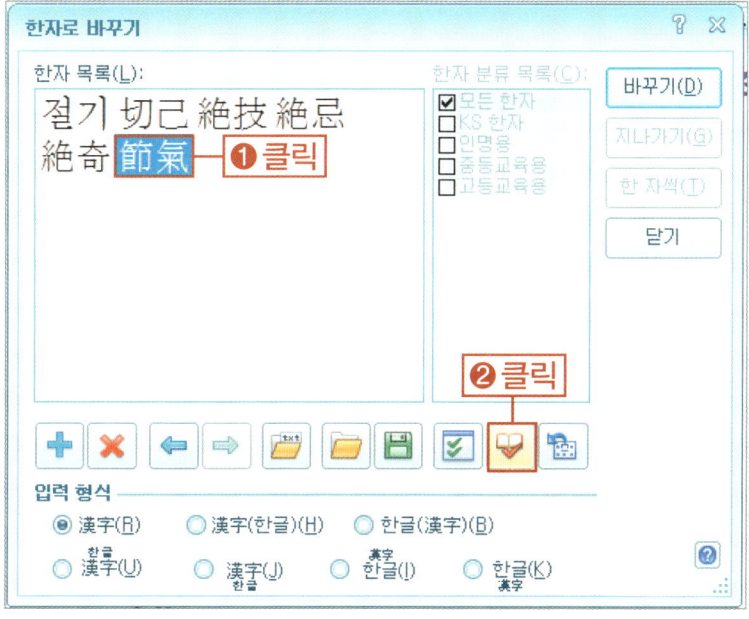

08장. 한자와 기호 삽입하기

03 자전이 열리면서 선택한 단어의 음과 뜻, 획수, 부수 등이 나타납니다. 확인이 끝나면 [바꾸기]를 클릭합니다.

04 '입춘'을 드래그한 후 F9 를 누릅니다. [한자로 바꾸기] 대화상자가 나타나면 '立春'을 선택하고 [입력 형식]에서 '한글(漢子)'를 선택한 후 [바꾸기]를 클릭합니다.

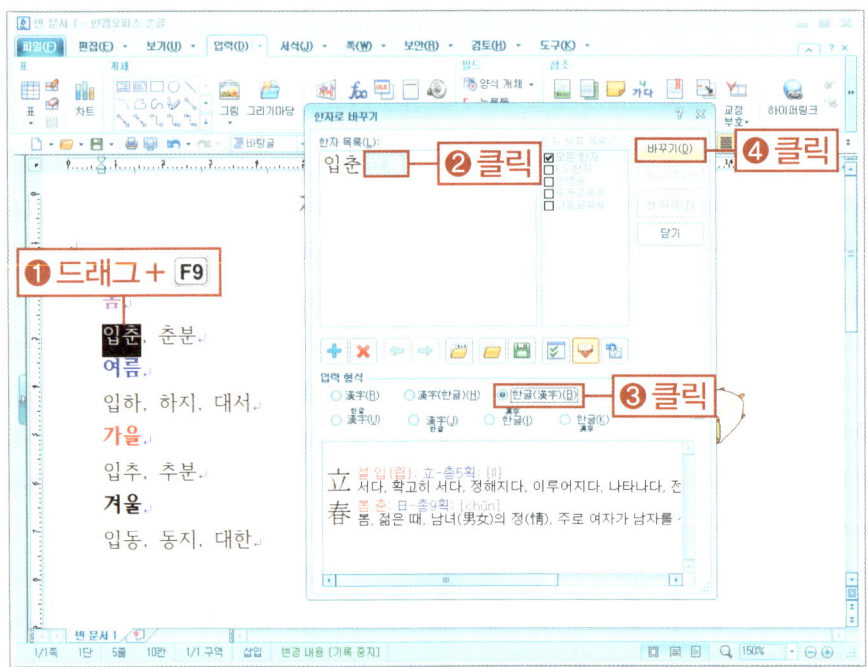

05 선택한 입력 형식으로 한자 변환이 됩니다. 나머지 절기 이름들도 같은 입력 형식으로 한자 변환합니다.

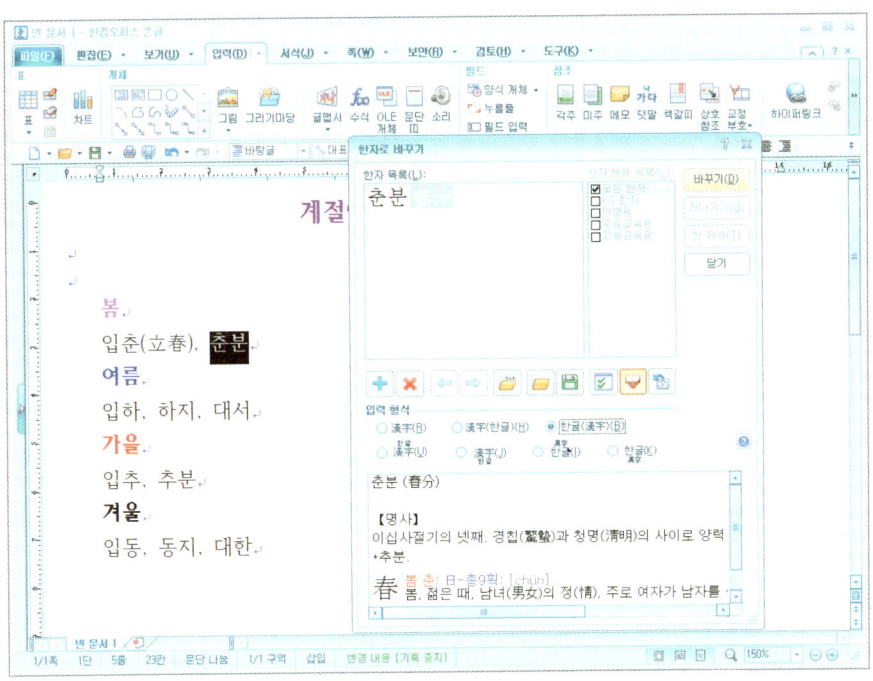

STEP 2 | 문자표의 기호 삽입하기

06 '봄' 왼쪽에 커서를 놓고 [편집] 탭을 선택한 후 [문자표]-[문자표](문자표)를 클릭합니다.

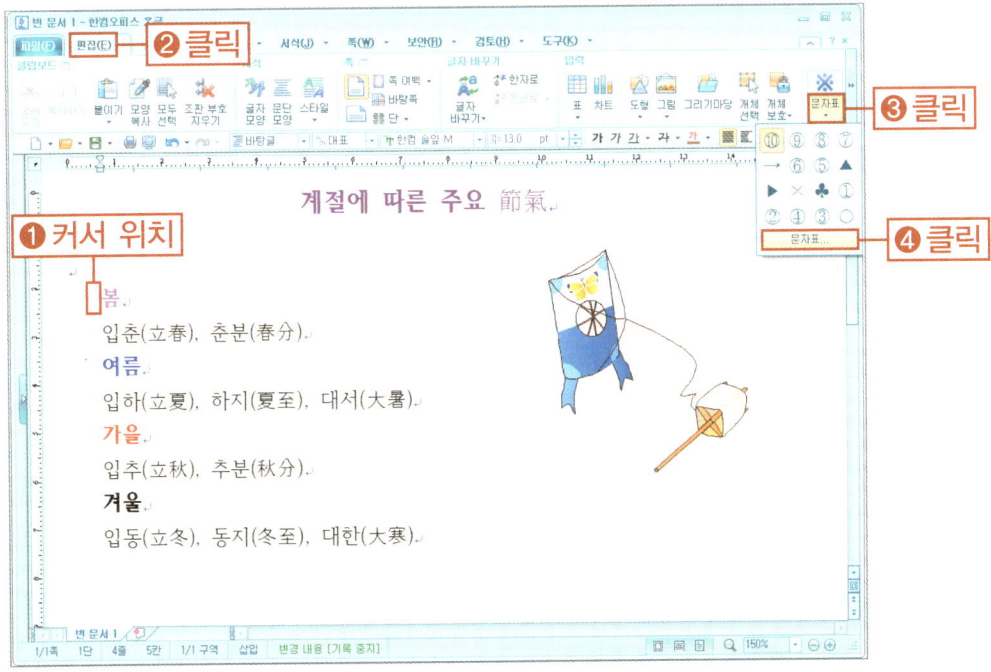

08장. 한자와 기호 삽입하기 49

07 [문자표 입력] 대화상자가 나타나면 [한글(HNC) 문자표] 탭을 클릭한 후 [전각 기호(일반)]을 선택합니다. [문자 선택] 목록에서 삽입할 기호를 선택하고 [넣기]를 클릭합니다.

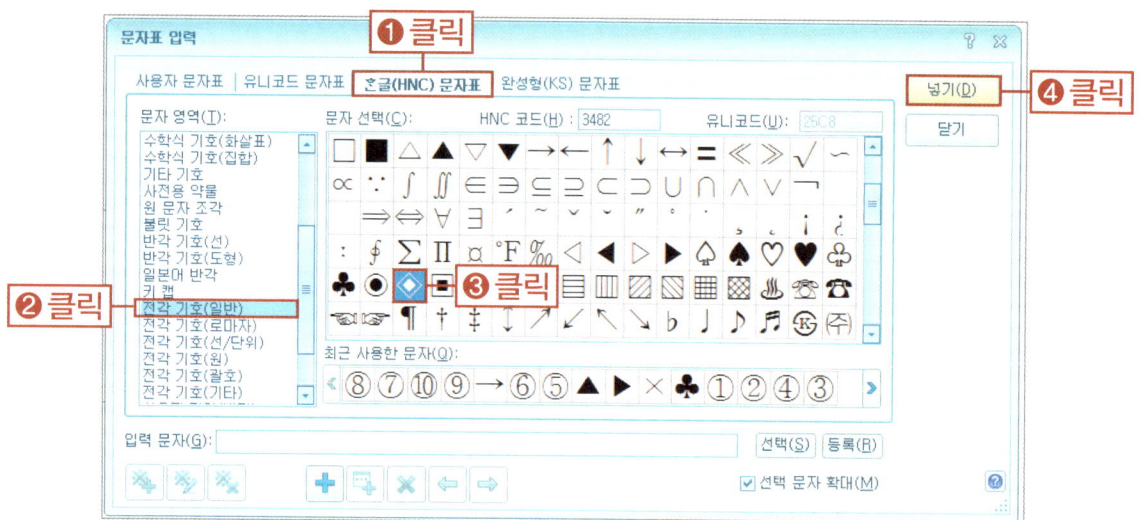

> TIP 스크롤 바를 아래 위로 움직이면 다양한 문자 기호를 확인할 수 있습니다.

08 커서 위치에 기호가 삽입되면 '여름' 왼쪽에도 같은 기호를 삽입합니다. 다시 '가을' 왼쪽에 커서를 놓고 [편집] 탭에서 [문자표]-[문자표]를 클릭합니다. [유니코드 문자표] 탭을 클릭한 후 [딩뱃 기호]를 선택합니다. 목록에서 기호를 선택한 후 [넣기]를 클릭합니다. '겨울' 앞에도 같은 기호를 삽입합니다.

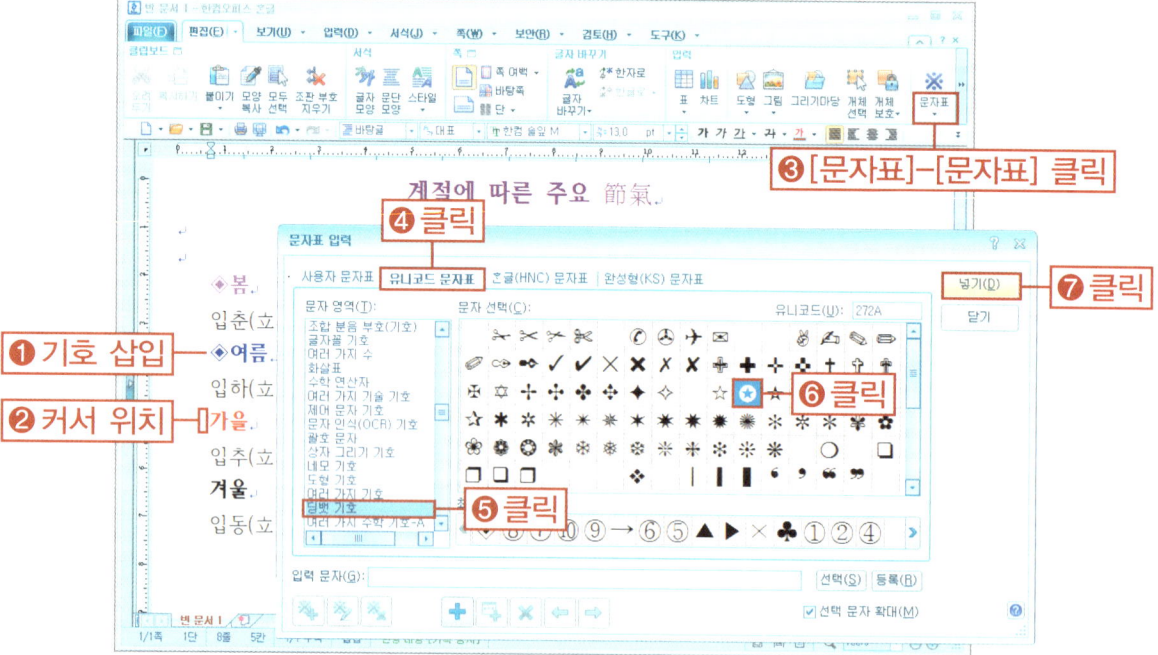

연습문제 》 문제를 풀며 확인해보세요.

01 다음 내용을 입력하고 한자로 변환해 명언 모음을 만들어 보세요.
(자구제기 소인구제인 / 애인자는 인항애지 경인자는 인항경지)

[子求諸己 小人求諸人]
일이 잘못되면 군자는 제 탓을 하고 소인은 남 탓을 한다.

[愛人者는 人恒愛之]
[敬人者는 人恒敬之]
남을 사랑하는 사람은 남도 항상 그를 사랑하고,
남을 공경하는 사람은 남도 항상 그를 공경한다.

HINT 내용 입력하고 글자 모양 지정(한자: 20pt, 진하게, 탁한 황갈/ 한글: 15pt)→[입력]-[한자 입력]-[한자로 변환] 선택 또는 F9를 눌러 한자로 변환

02 다음 내용을 입력하고 한자로 변환해 명언 모음을 만들어 보세요.
(삼세지습 지우팔십 / 이란투석 / 천리행시어족하)

속담풀이

✿ 三歲之習 至于八十
세 살 버릇이 여든까지 간다.
❀ 以卵投石
계란으로 바위를 친다.
✳ 千里行始於足下
천리의 길도 한 걸음부터 시작한다.

HINT 내용 입력하고 글자 모양 지정(제목: 휴먼옛체, 24pt/ 내용: 함초롬바탕, 15pt)→[입력]-[한자 입력]-[한자로 변환] 선택 또는 F9를 눌러 한자로 변환→한자 앞에서 [편집]-[문자표]-[문자표] 클릭→[유니코드 문자표] 탭의 [딩뱃 기호]에서 기호 입력하고 색 변경

09 글맵시로 글자에 맵시내기

글맵시 기능은 글자를 그림과 같은 개체로 인식하므로 글자 모양 기능으로 표현하기 어려운 다양한 색과 모양으로 글자를 표현할 수 있습니다. 글맵시를 삽입하고 다양한 설정으로 멋진 글자로 만들어봅니다.

| 이런 걸 배워요! | 글맵시 삽입, 글맵시 편집

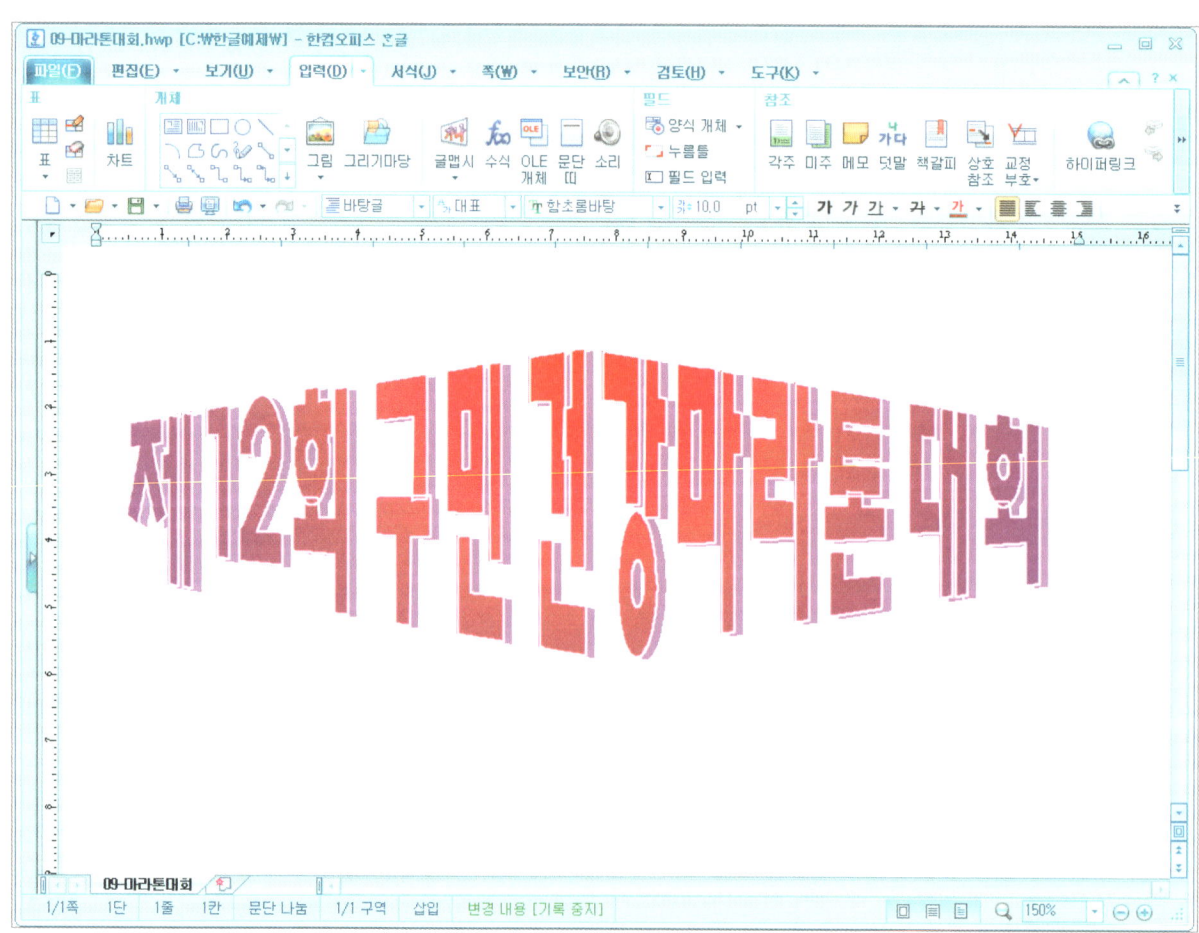

STEP 1 | 글맵시 삽입하기

01 [입력] 탭을 선택한 후 [글맵시]를 클릭합니다. 글맵시 목록에서 [채우기- 초록색/진한 청록색 그러데이션, 남색 그림자, 아래로 넓은 원통 모양]을 선택합니다.

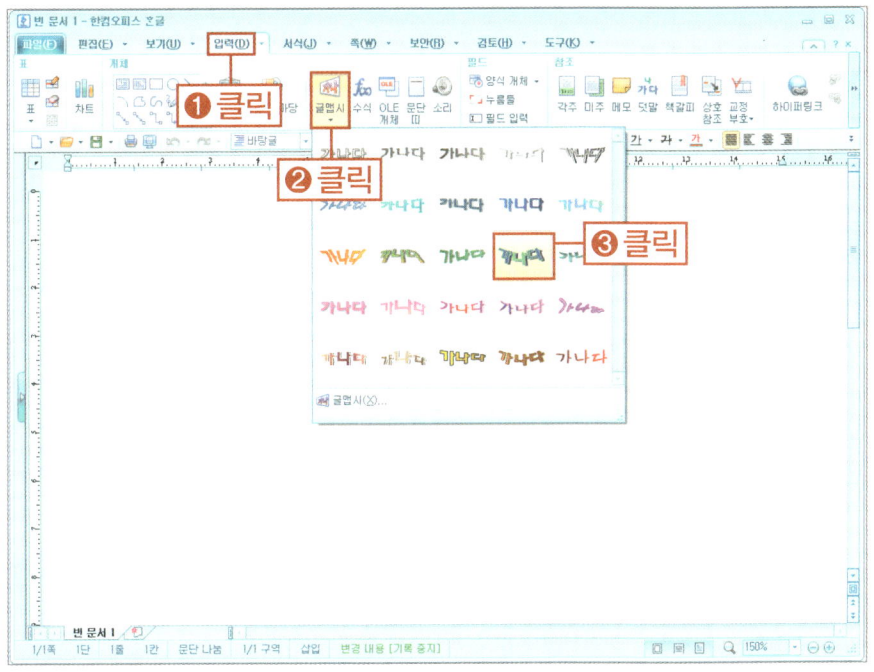

02 [글맵시 만들기] 대화상자가 나타나면 [내용]에 '제12회 구민 건강마라톤 대회'를 입력하고 [글자 간격]에 '150'을 입력한 후 [설정]을 클릭합니다.

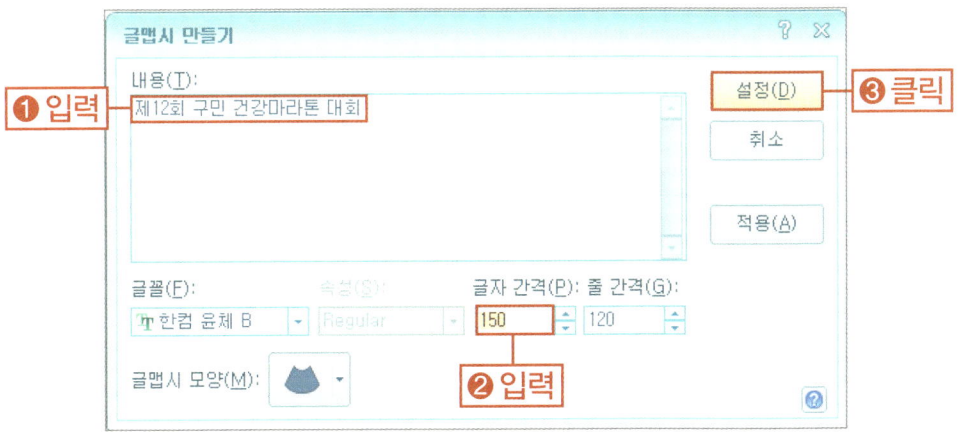

> **TIP** 글꼴과 글맵시 모양을 미리 변경할 수도 있습니다.

03 글맵시가 삽입되면 아래쪽 가운데 조절점을 아래쪽 방향으로 드래그해 크기를 늘립니다.

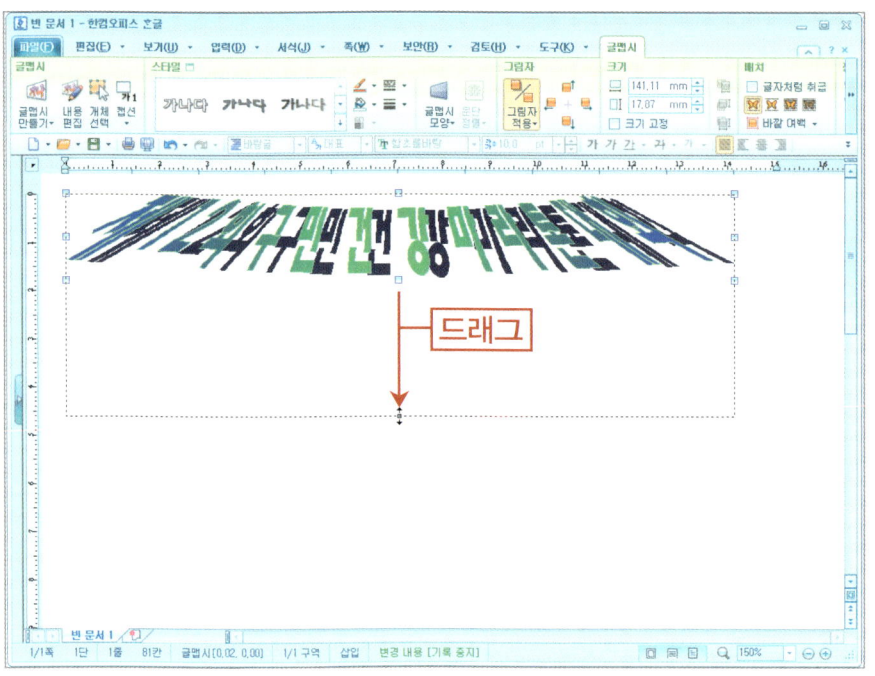

STEP 2 | 글맵시 편집하기

04 그림자의 위치를 조정하기 위해 [글맵시] 탭에서 [그림자 적용]을 클릭하고 [그림자 설정]을 선택합니다.

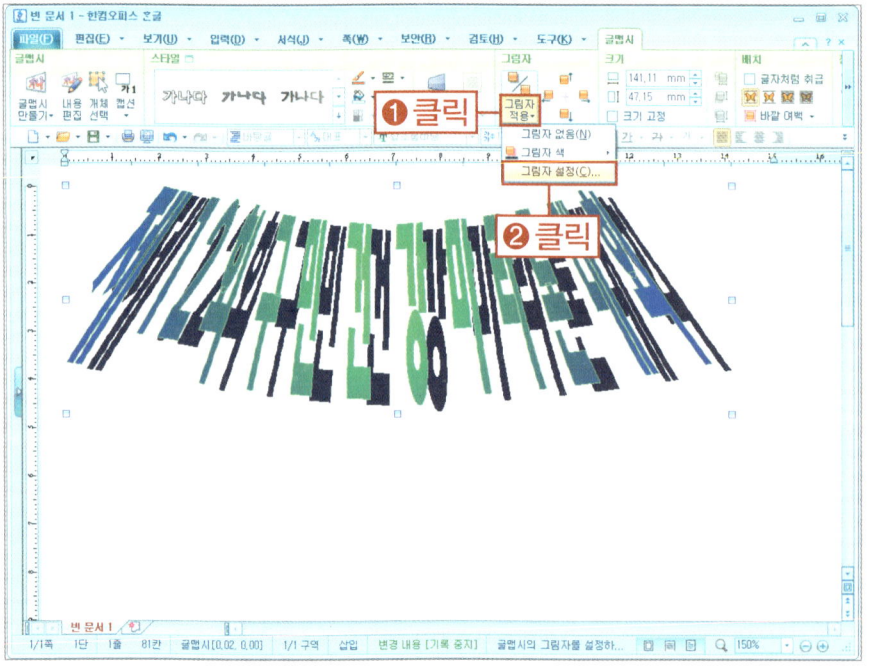

05 [개체 속성] 대화상자의 [글맵시] 탭이 나타나면 [그림자]에서 [왼쪽 위](🔲)를 두 번 클릭해 [X 위치]와 [Y 위치]를 각각 '1%'로 지정합니다.

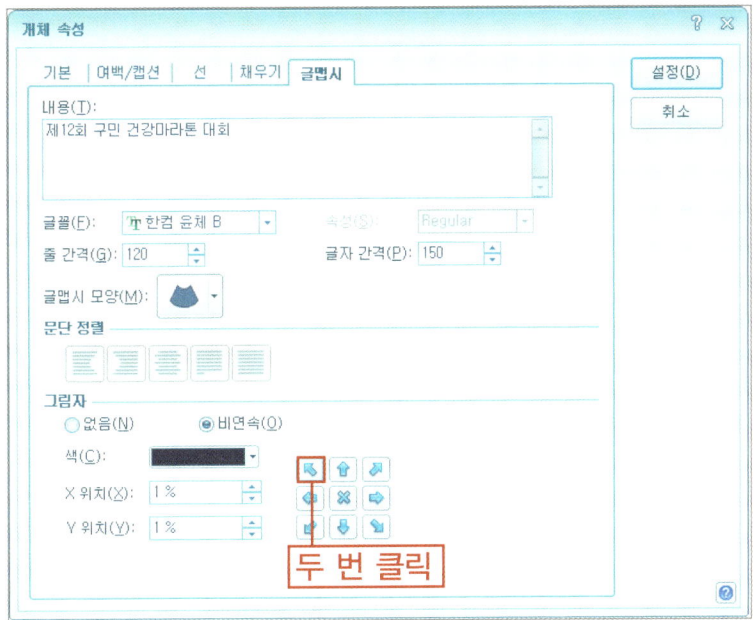

TIP [그림자]의 [색]에서는 그림자의 색을 목록에서 선택해 지정할 수 있습니다.

06 [채우기] 탭을 클릭해 이동한 후 [그러데이션]의 [유형] 목록에서 [하늬바람]을 선택하고 [설정]을 클릭합니다.

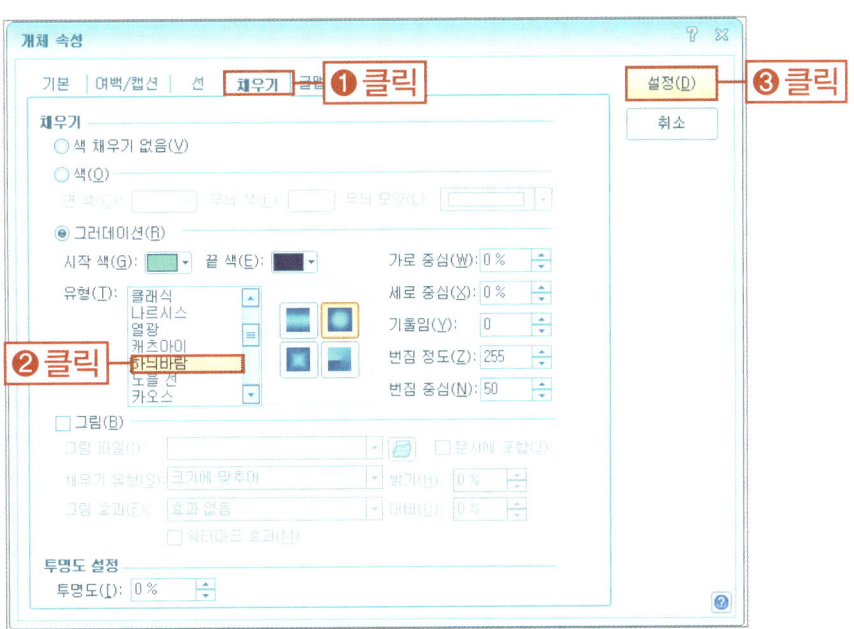

TIP 그러데이션의 [시작 색]과 [끝 색], [기울임] 등을 직접 지정할 수도 있으며 글맵시 배경으로 단색이나 무늬, 선택한 그림을 지정할 수도 있습니다.

07 다시 스타일을 변경하기 위해 [글맵시] 탭의 [스타일] 그룹에서 [자세히] 단추(⬇)를 클릭해 스타일 목록 중 [채우기-진한 자주색 그러데이션, 연 자주색 그림자, 위쪽 리본 사각형 모양]을 선택합니다.

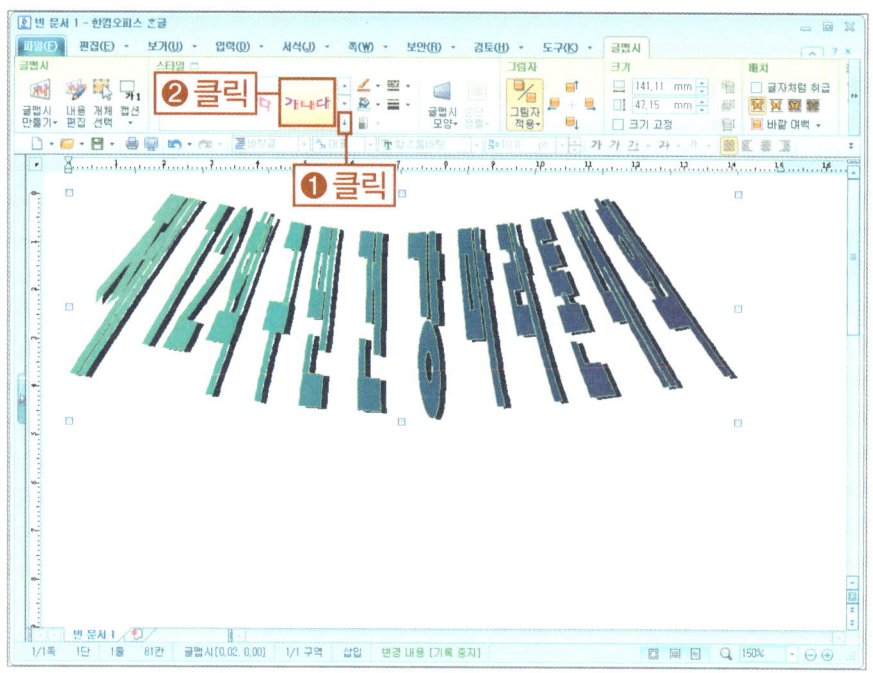

08 [글맵시] 탭에서 [글맵시 모양]을 클릭한 후 [육각형]을 선택해 모양을 변경합니다.

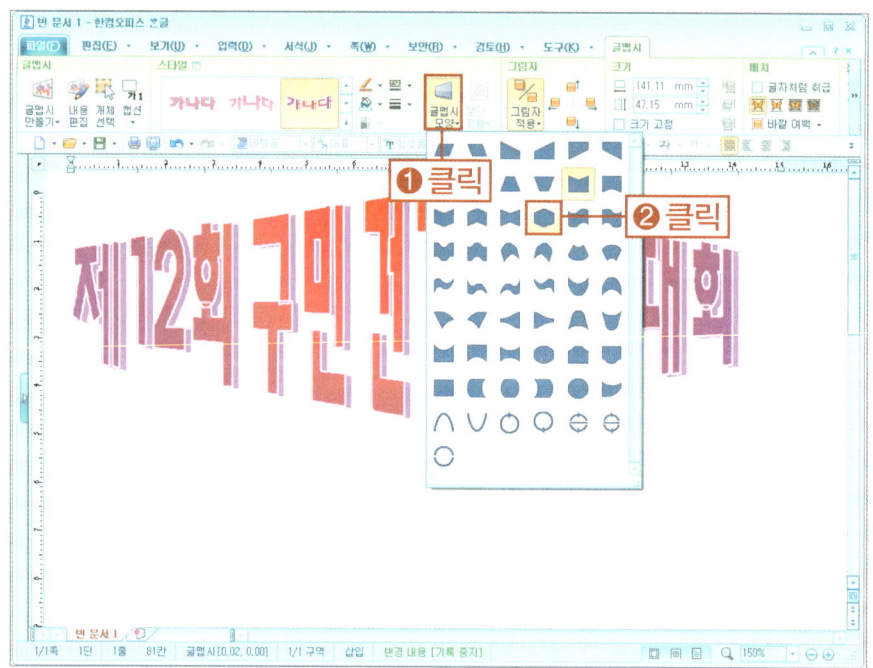

연습문제 >> 문제를 풀며 확인해보세요.

01 글맵시 기능을 이용해 다음과 같은 알림글을 작성하고 글맵시 모양을 설정해 보세요.

HINT: [입력] 탭-[글맵시]-[채우기-파란색 그러데이션, 진회색 그림자, 직사각형 모양] 선택→대화상자에 내용 입력하고 [설정] 클릭→[입력] 탭-[글맵시]-[채우기-어두운 노란색 그러데이션, 왼쪽으로 팽창 모양] 선택→대화상자에 내용 입력하고 [설정] 클릭→[글맵시] 탭-[글맵시 모양]-[팽창] 선택

02 글맵시 기능을 이용해 다음과 같은 주차 알림글을 작성하고 글맵시 모양을 설정해 보세요.

HINT: [입력] 탭-[글맵시]-[채우기-진한 자주색 그러데이션, 연자주색 그림자, 위쪽 리본 사각형 모양] 선택→대화상자에 내용 두 줄로 입력하고 [설정] 클릭→[글맵시 모양]-[두 줄 원형] 선택→[글맵시] 탭-[스타일] 그룹에서 [채우기 색]-[보라] 선택

10 기본 스타일의 표 작성하기

숫자가 나열되거나 많은 데이터로 된 내용은 표로 작성하면 보기에도 깔끔하고 이해하기도 좋습니다. 한글 2010의 표 삽입 기능을 이용해 기본 형태의 표를 삽입하고 크기를 조절한 후 내용을 입력해 봅니다.

| 이런 걸 배워요! | 표 삽입, 표 크기 조절, 내용 입력

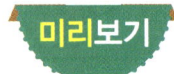

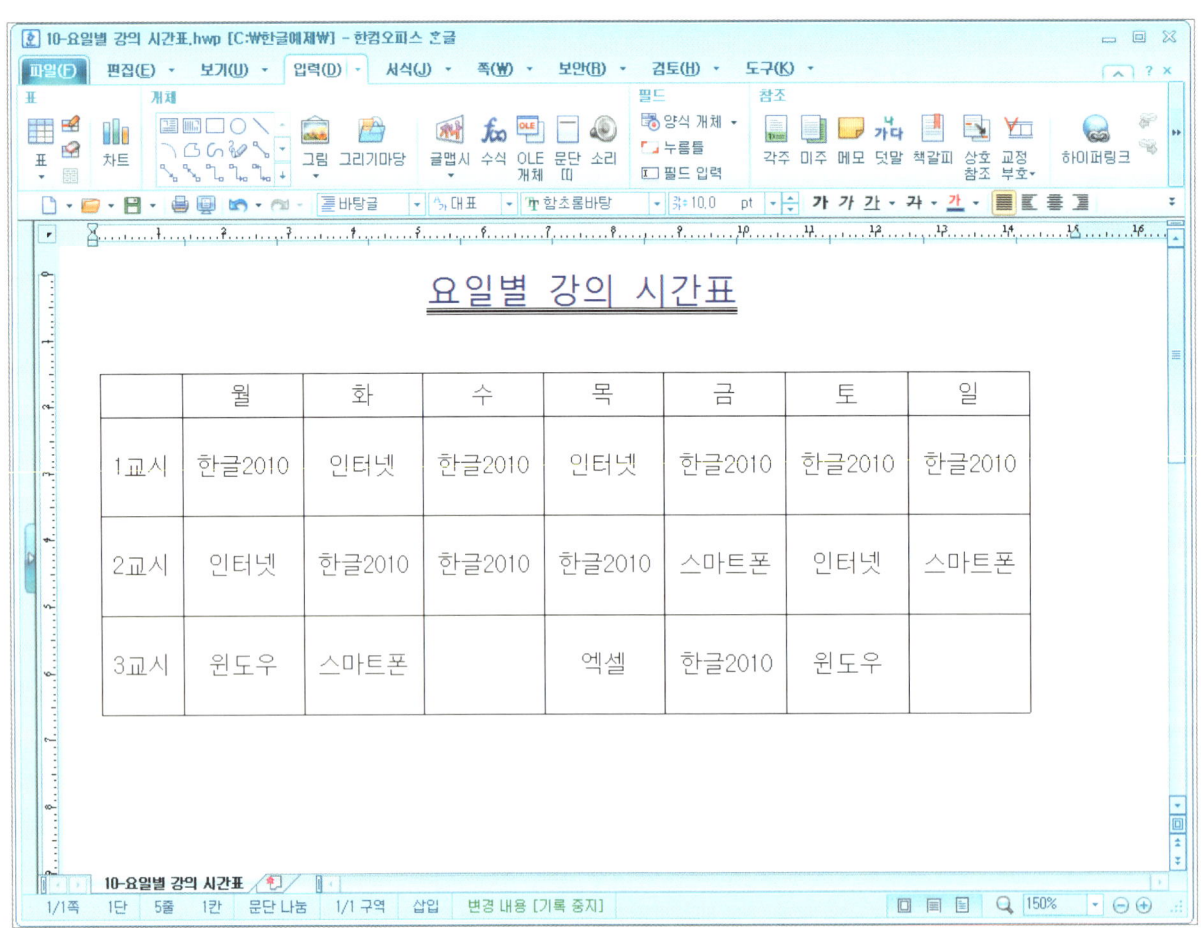

STEP 1 표 삽입하기

01 [파일]-[불러오기]를 클릭한 후 '한글예제' 폴더에서 [10-요일별 강의 시간표.hwp] 파일을 불러옵니다. [입력] 탭을 선택하고 [표]의 목록 단추를 클릭합니다. 이후 '4줄×8칸'이 되도록 드래그한 후 클릭합니다.

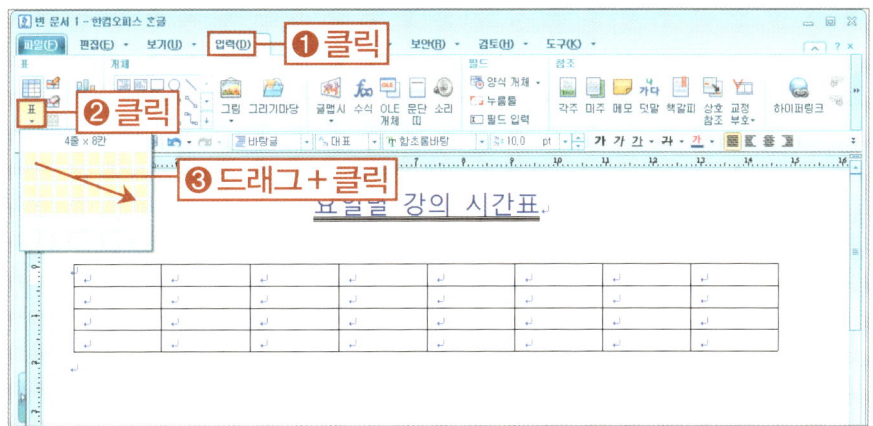

> TIP 마우스를 이동하면 지정한 줄과 칸이 되었을 때의 표의 모양을 실시간으로 미리 확인할 수 있습니다.

STEP 2 표의 크기 조절하기

02 첫째 줄과 둘째 줄의 경계선 부분에 마우스를 가져가면 마우스 포인터의 모양이 (욺)로 변경됩니다. 이때 Ctrl 을 누른 채 마우스를 아래쪽으로 드래그해 첫째 줄의 높이를 늘립니다.

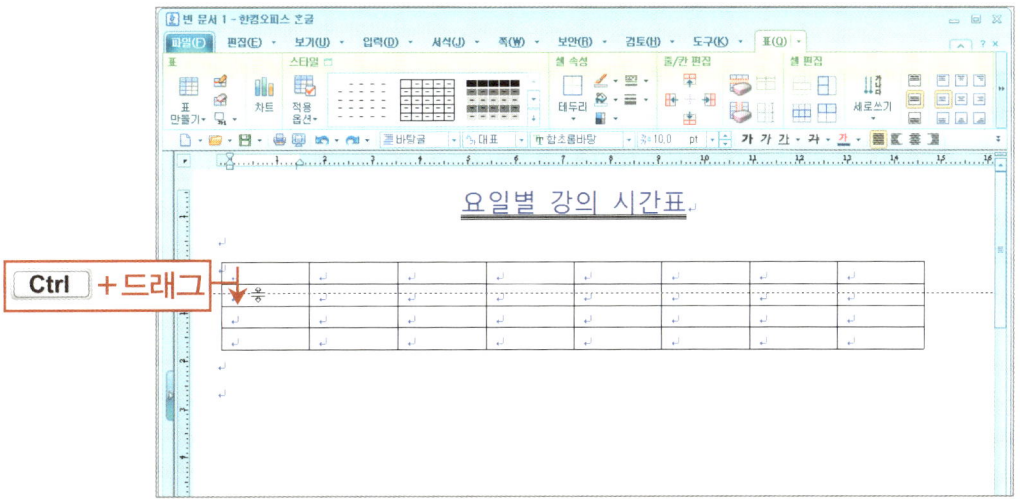

> TIP 첫째 줄에서 F5 를 눌러 셀을 선택하고 Ctrl 을 누른 채 키보드의 아래쪽 화살표(↓)를 눌러도 됩니다.

03 둘째 줄에서 마지막 줄까지 드래그해 세 개의 셀을 선택한 후 표의 가장 마지막 줄의 마우스를 갖다 대면 아까와 같이 마우스 포인터의 모양이 (웅)로 변경됩니다. 이때 Ctrl 을 누른 채 아래쪽 방향으로 드래그합니다.

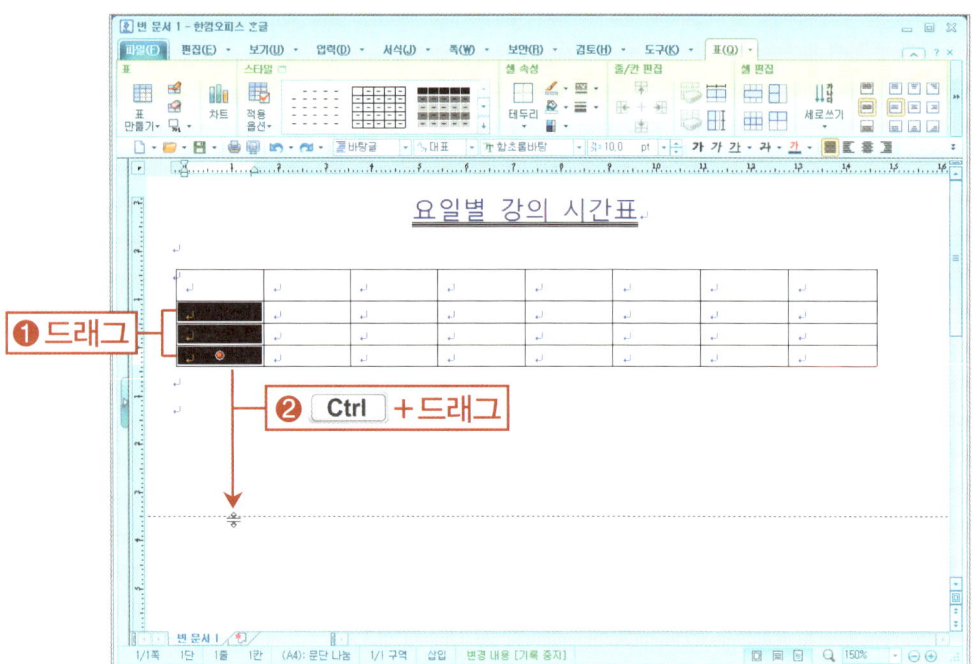

04 세 줄의 높이가 동일하게 늘어납니다. 이번에는 첫째 칸과 둘째 칸 사이의 세로 줄에 마우스를 가져가면 마우스 포인터의 모양이 (↔)로 변경됩니다. 이때 Ctrl 을 누른 채 경계선을 왼쪽으로 드래그합니다.

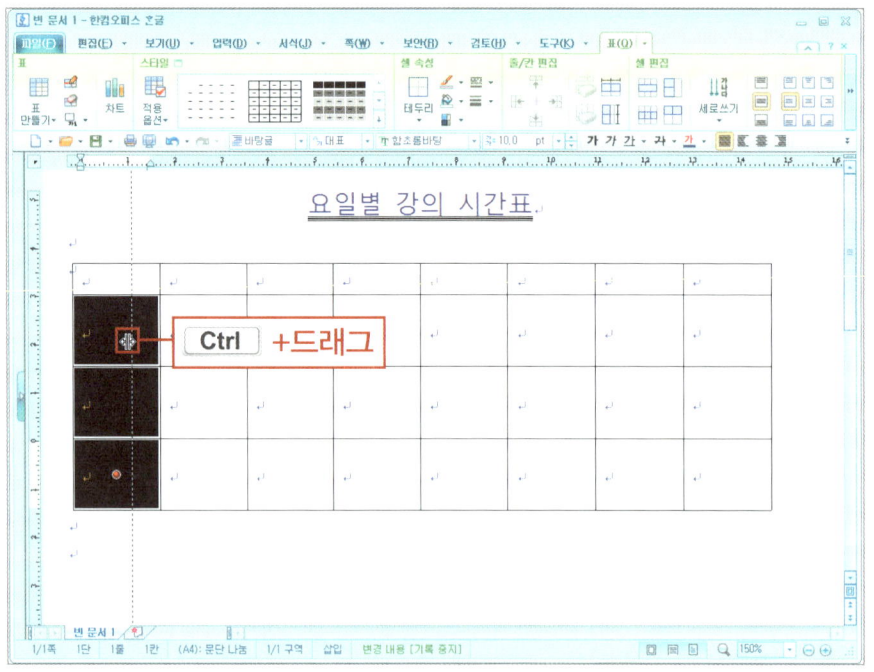

TIP Ctrl 을 누른 채 키보드의 왼쪽 화살표(←)를 눌러도 됩니다.

05 셀 안을 클릭해 커서가 깜박이면 다음과 같이 내용을 입력합니다.

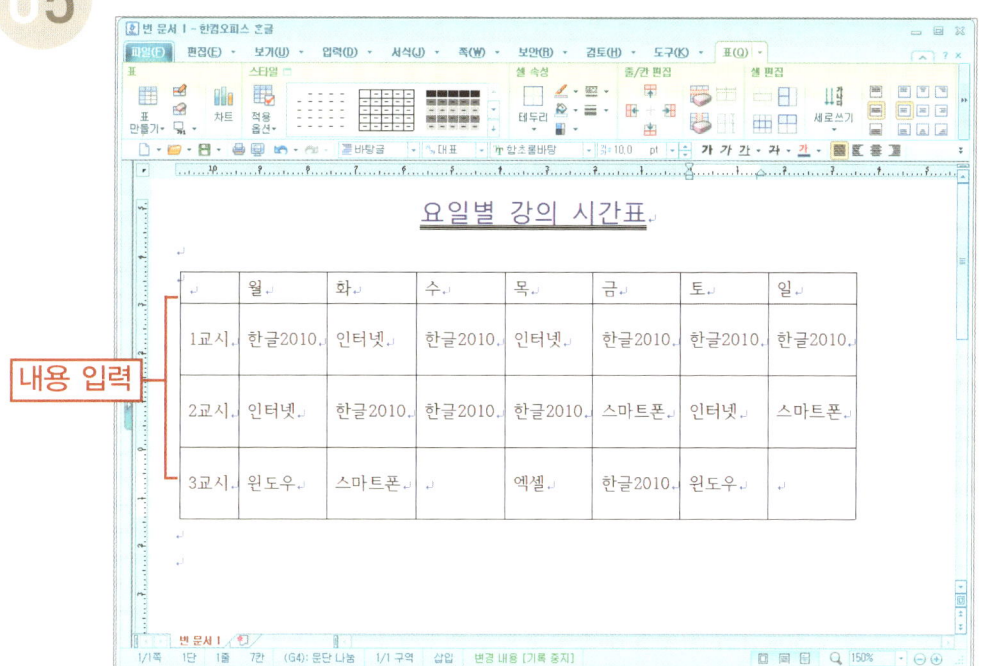

TIP 입력할 셀 안을 클릭해도 이동해도 되고 키보드의 화살표키(←, →, ↑, ↓)를 눌러 이동해도 됩니다.

06 셀 전체를 드래그해 범위로 지정한 후 서식 도구 상자에서 [글꼴]을 [돋움체]로 선택하고 [가운데 정렬](≡)을 클릭합니다.

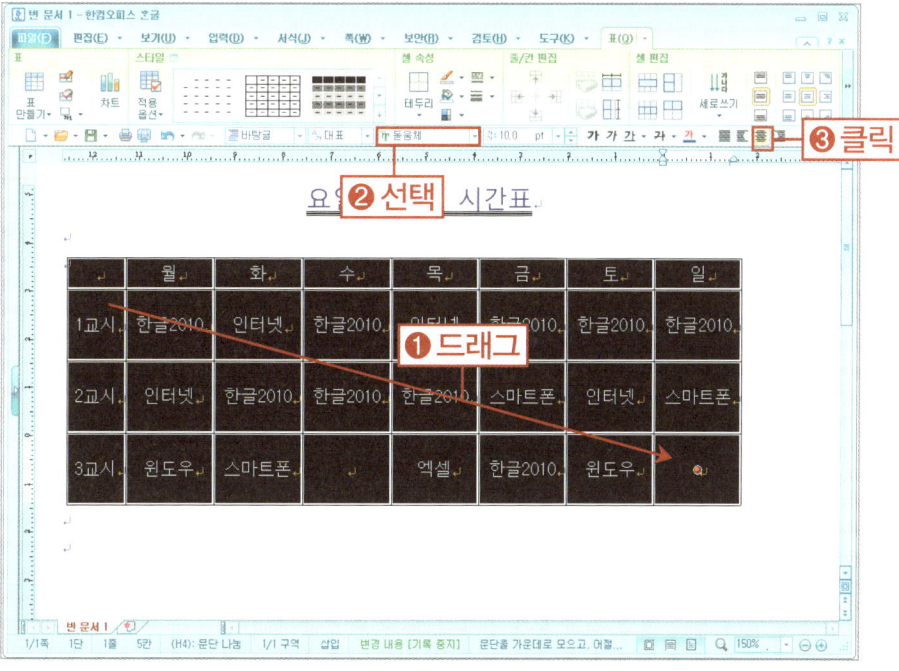

10장. 기본 스타일의 표 작성하기 **61**

연습문제 >> 문제를 풀며 확인해보세요.

01 '6줄×7칸'의 표를 삽입한 후 내용을 입력하고 글자 모양을 꾸며 다음과 같이 달력을 완성해 보세요.

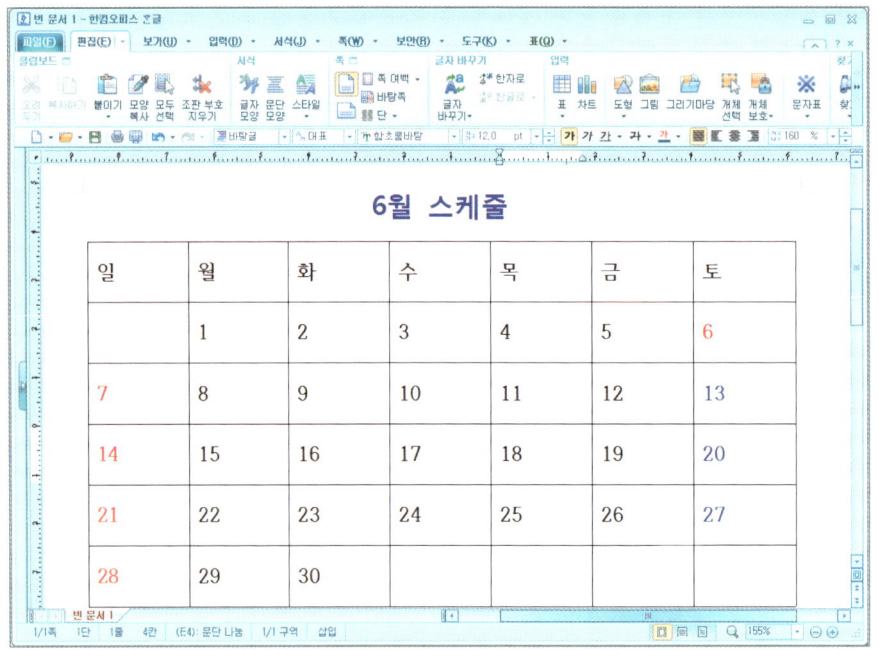

HINT 제목 입력(맑은 고딕, 16pt, 진하게)하고 [입력] 탭에서 [표]의 목록 단추를 클릭한 후 '6줄×7칸'의 표 삽입→표의 크기 조절→내용 입력→내용을 드래그해 글자(12pt, 진하게)와 색 변경

02 '6줄×4칸'의 표를 삽입한 후 내용을 입력하고 글자 모양을 꾸며 다음과 같이 표를 완성해 보세요.

HINT 제목 입력(맑은 고딕, 20pt)하고 [입력] 탭에서 [표]의 목록 단추를 클릭한 후 '6줄×4칸'의 표 삽입→표의 크기 조절→내용 입력→내용을 드래그해 글자(맑은 고딕, 13pt, 가운데 정렬) 변경

62 눈이 편한 **한글**

11 표 스타일과 속성 설정하기

삽입된 셀의 배경이나 테두리 선에 여러 가지 색이나 굵기, 모양 등을 지정해 표를 보기 좋게 꾸밀 수 있습니다. 사용자가 원하는 위치에만 지정할 수 있고, 스타일 목록에서 선택해 한 번에 설정할 수도 있습니다. 표 스타일 지정 방법에 대해 알아봅니다.

| 이런 걸 배워요! | 표 스타일 적용, 셀 속성 설정

미리보기

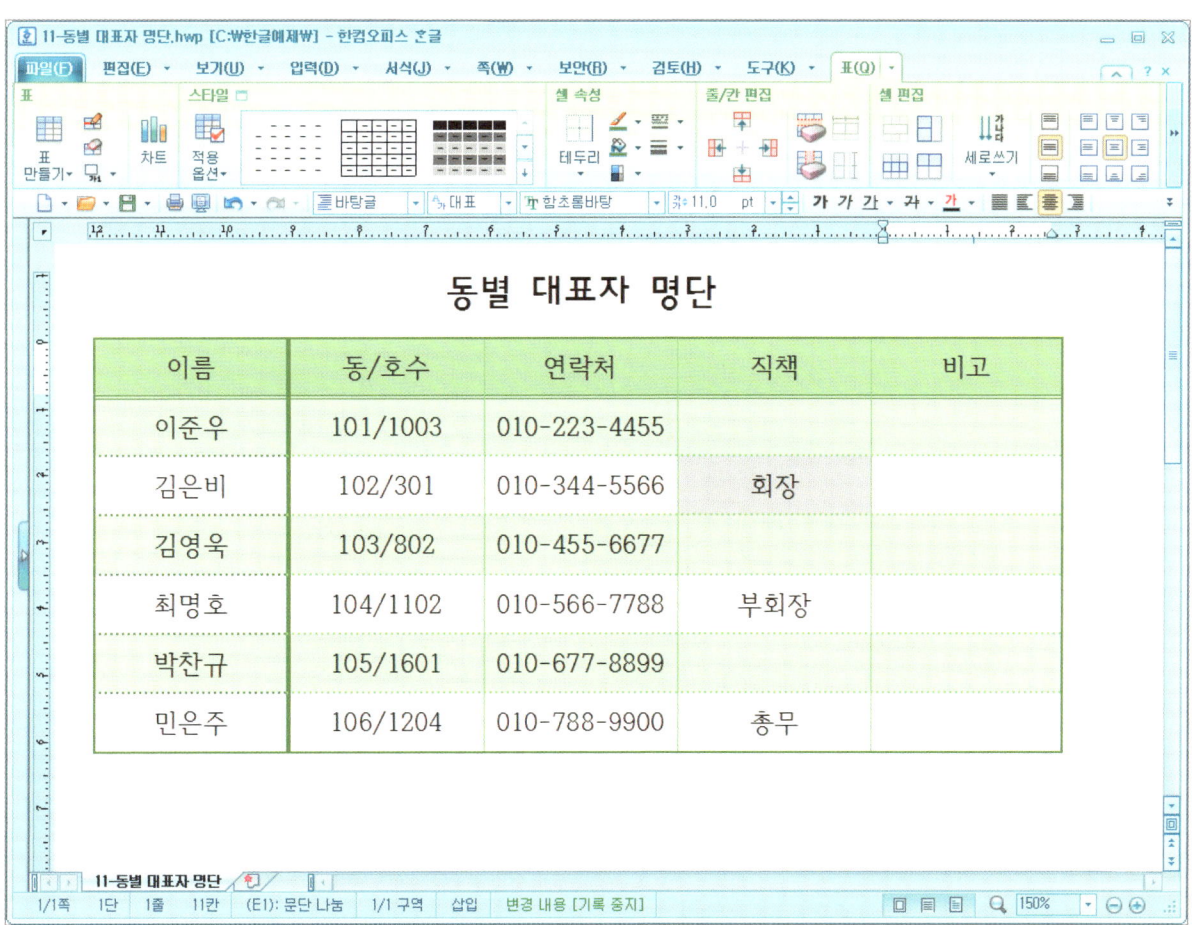

STEP 1 | 표에 스타일 지정하기

01 [파일]-[불러오기]를 클릭한 후 '한글예제' 폴더에서 [11-대표자 명단.hwp] 파일을 불러옵니다. [입력] 탭에서 [표]의 목록 단추를 클릭하고 '7줄×5칸'이 되도록 드래그한 후 클릭합니다. 이후 아래와 같이 글을 입력합니다.

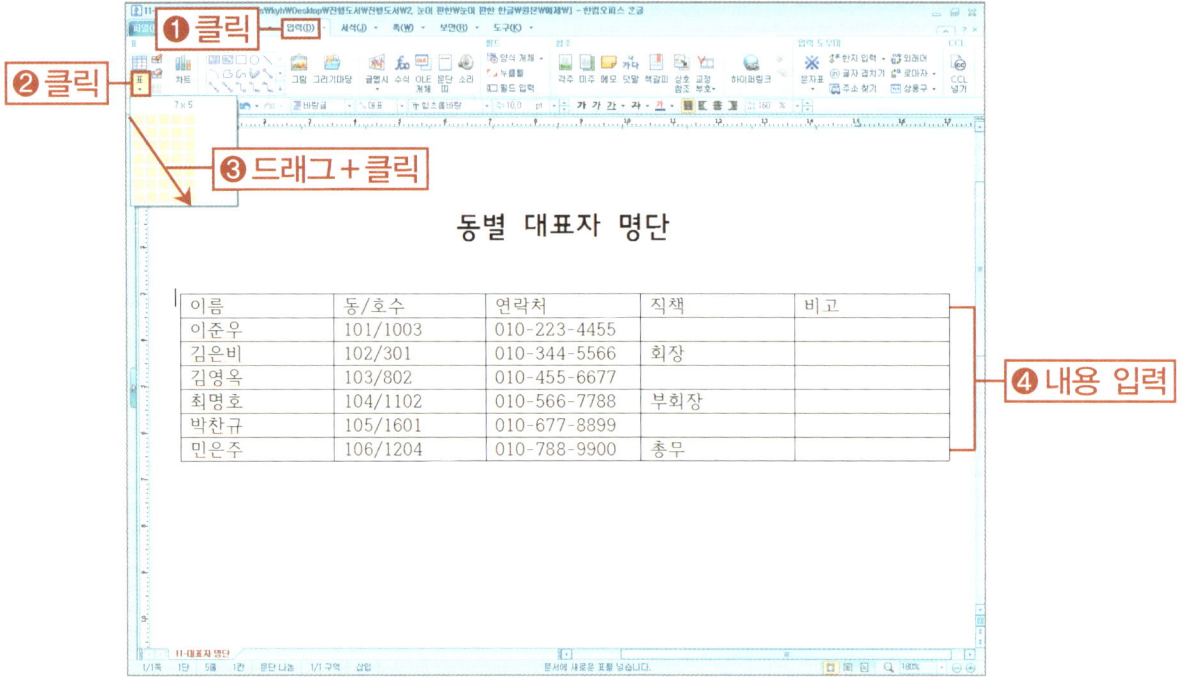

02 표 전체를 드래그해 범위로 지정한 후 [글자 크기]의 목록 단추(▼)를 클릭하고 '11pt'로 선택합니다.

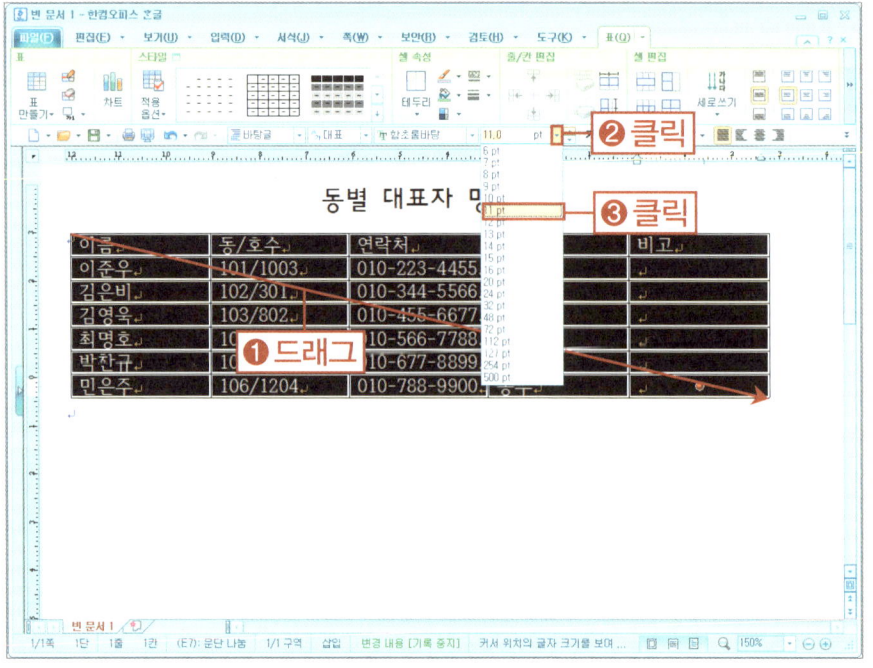

03 [표] 탭에서 [셀 편집] 그룹의 [셀 가운데 정렬](▤)을 클릭해 셀의 가운데로 글자를 정렬합니다.

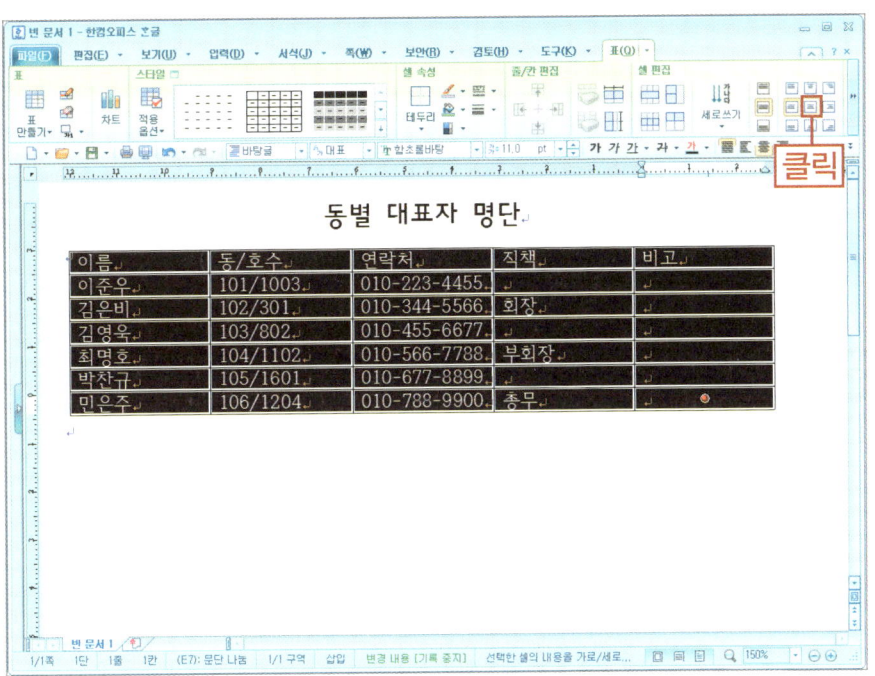

04 [표] 탭의 [스타일] 그룹에서 [자세히](⬇)를 클릭합니다. 표 스타일 목록이 나타나면 [밝은 스타일 3 - 초록 색조]를 선택합니다.

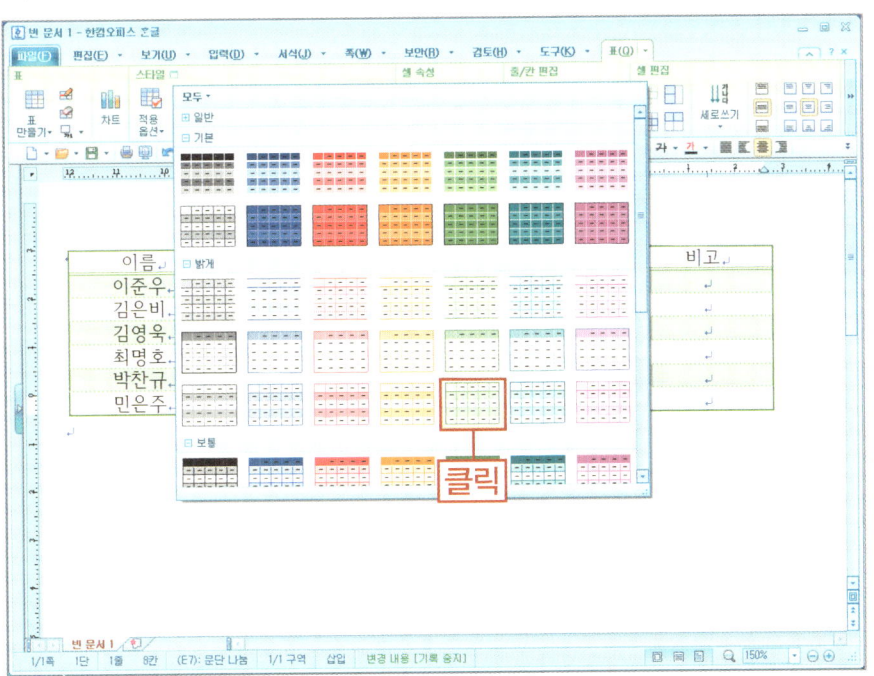

TIP 표 스타일 목록은 [기본], [밝게], [보통], [어두운 느낌]의 네 가지로 분류해 표의 테두리와 채우기 스타일을 제공합니다.

11장. 표 스타일과 속성 설정하기 **65**

05 세로 칸을 모두 드래그해 범위로 지정한 후 `Ctrl`을 누른 채 키보드의 아래쪽 화살표(↓)를 세 번 눌러 다음과 같이 셀 높이를 동일하게 늘립니다.

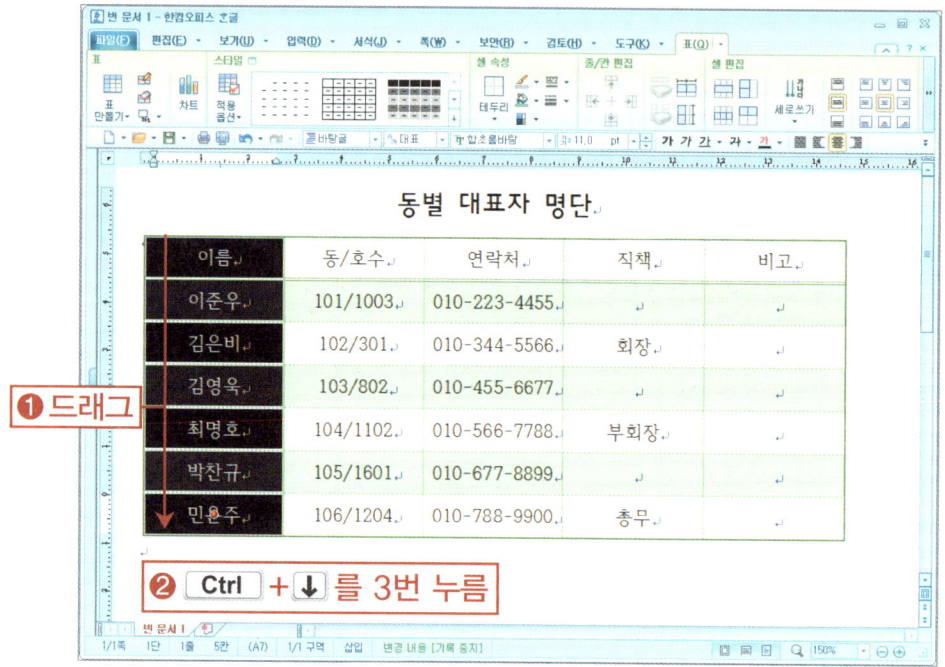

STEP 2 | 셀 속성 설정하기

06 표의 첫 줄을 드래그해 범위로 지정한 후 [표] 탭의 [셀 속성] 그룹에서 [셀 배경 색](🎨▼)의 목록 단추(▼)를 클릭하고 [멜론색 60% 밝게]를 선택합니다.

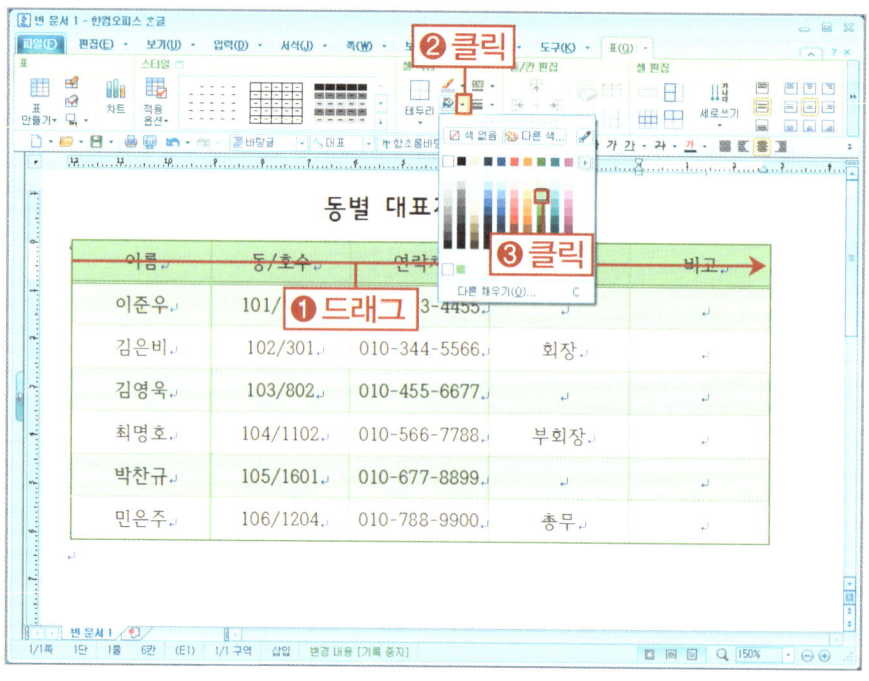

66 눈이 편한 한글

07 세로 칸을 모두 드래그해 범위로 지정하고 [표] 탭에서 [셀 테두리 색](✐)의 목록 단추(▾)를 클릭한 후 [멜론색]을 선택합니다.

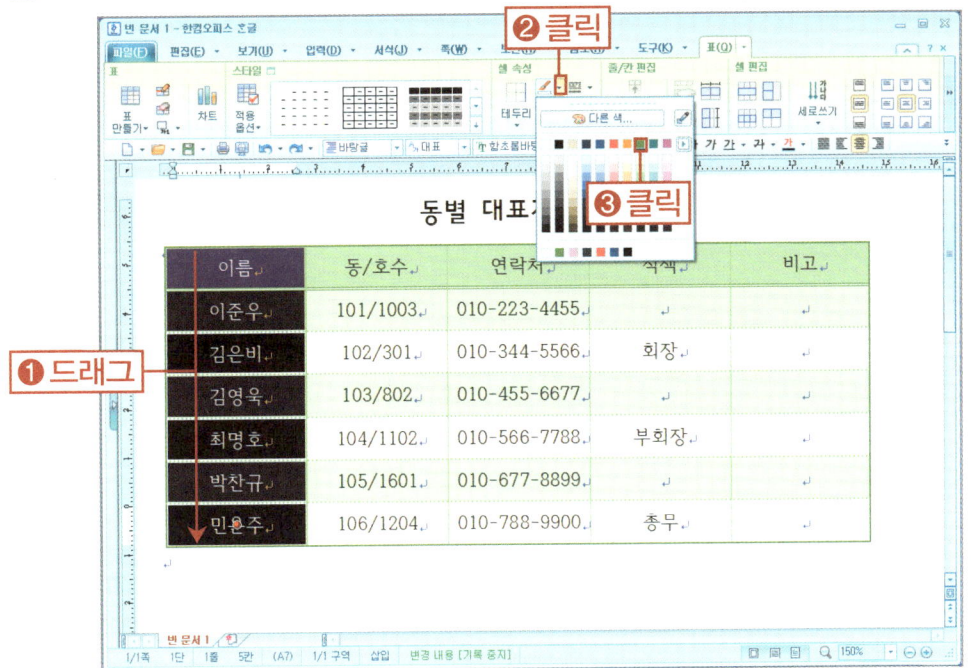

08 세로 칸이 드래그되어 있는 상태에서 이번에는 [셀 테두리 굵기](☰▾)를 클릭하고 [0.7mm]를 선택합니다.

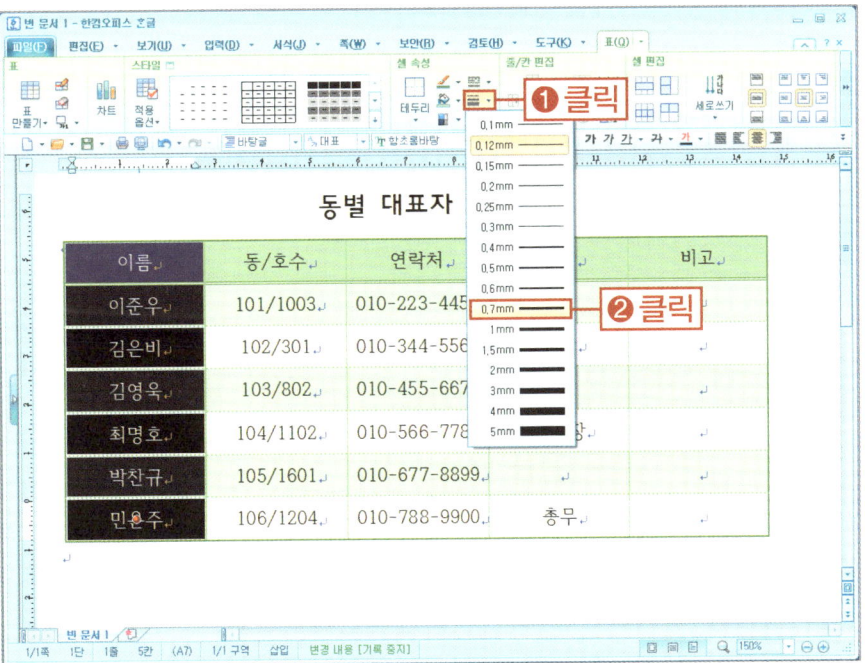

09 [표] 탭에서 [테두리]의 목록 단추를 클릭하고 [오른쪽]을 선택합니다.

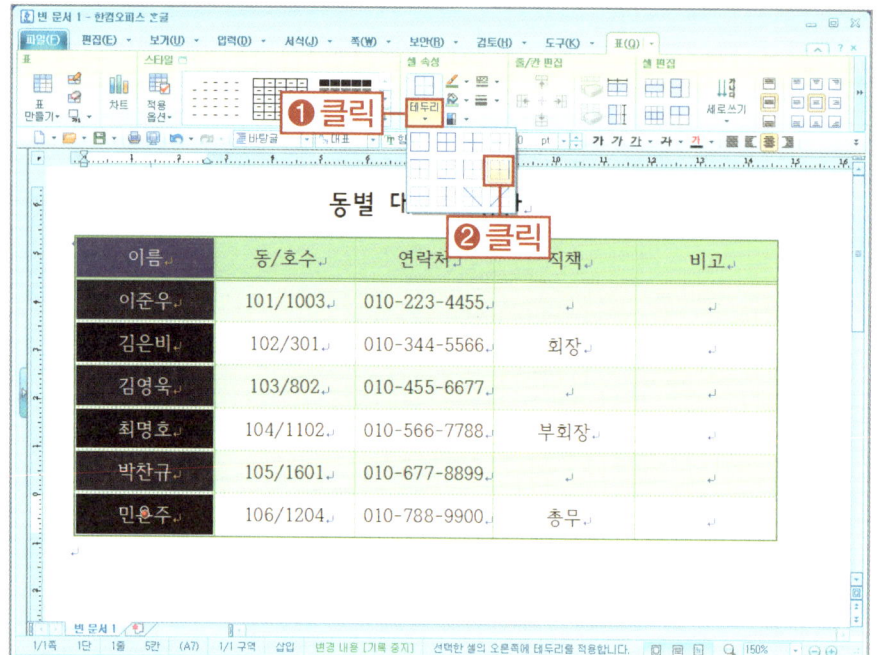

TIP 지정한 셀 테두리 속성은 [테두리]에서 선택한 위치에만 적용됩니다.

10 '회장' 칸을 드래그하여 선택합니다. 이후 [표] 탭에서 [셀 음영]( )을 클릭하고 [감소] 목록에서 [-50%]를 선택합니다.

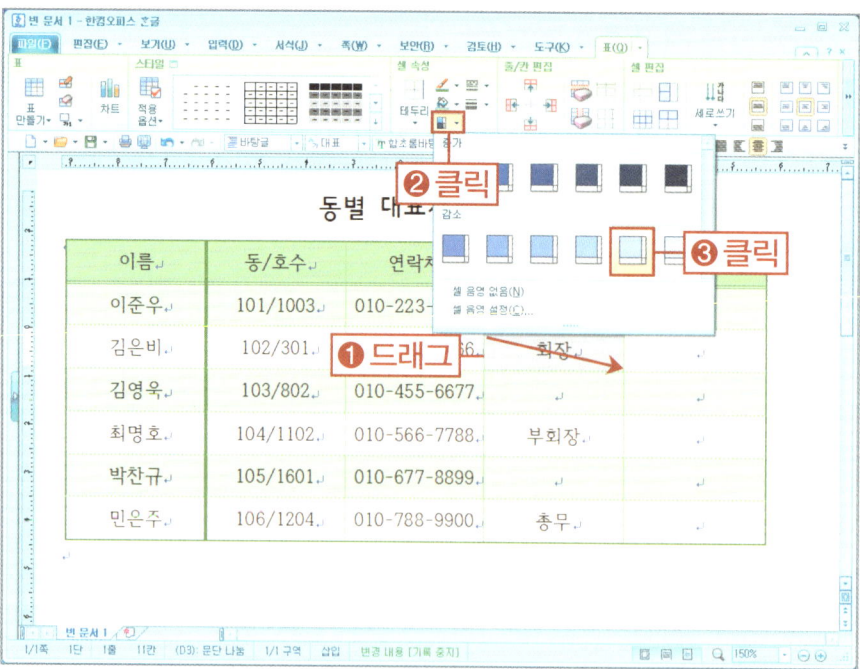

68 눈이 편한 한글

연습문제 >> 문제를 풀며 확인해보세요.

01 '11-연습1.hwp' 문서를 불러와 스타일과 셀 배경 색을 지정하여 다음과 같은 모양으로 만들어 보세요.

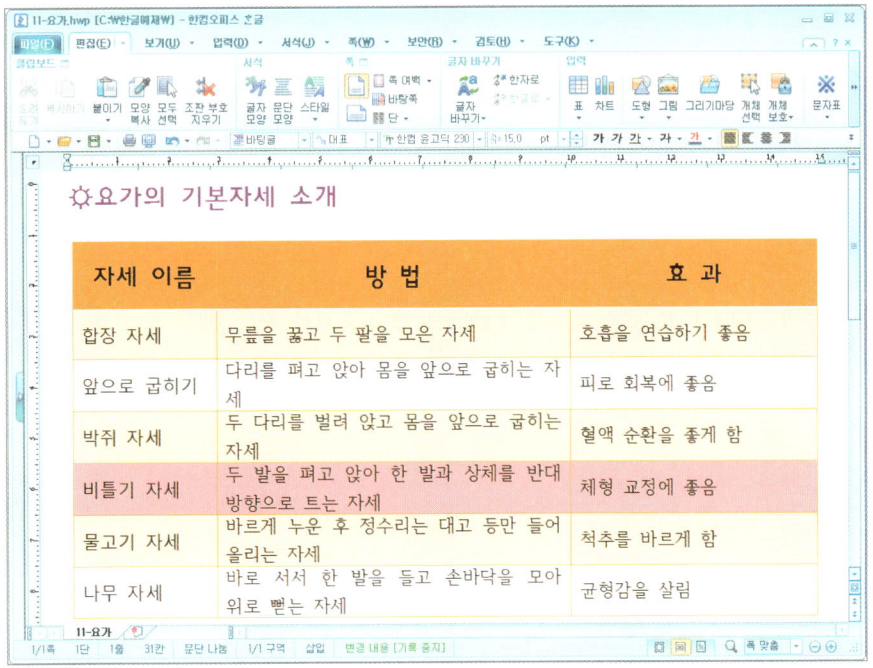

HINT 문서 불러오기→[표] 탭의 [스타일] 목록에서 [보통 스타일2-노란 색조] 선택→다섯째 줄 전체를 범위 지정하고 [표] 탭-[셀 속성] 그룹에서 [셀 배경 색](루비색 60% 밝게) 지정

02 '11-연습2.hwp' 문서를 불러와 스타일과 셀 배경 색을 지정하여 다음과 같은 모양으로 만들어 보세요.

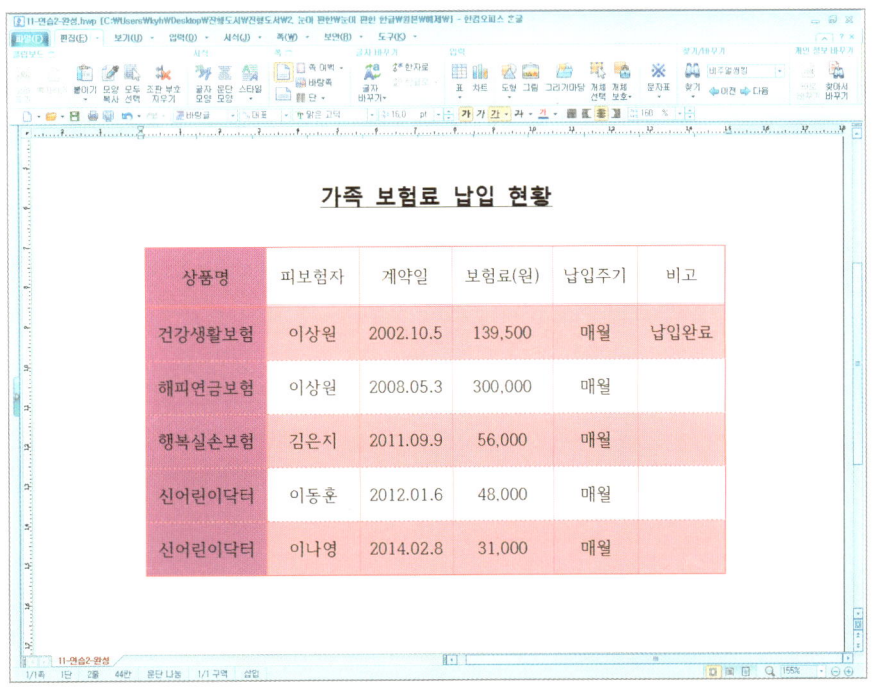

HINT 문서 불러오기→[표] 탭의 [스타일] 목록에서 [밝은 스타일3-붉은 색조] 선택→왼쪽 세로 칸을 모두 드래그하고 [표] 탭-[셀 속성] 그룹에서 [셀 배경 색](진달래 색) 지정

12 표 모양 내 맘대로 편집하기

작성한 표의 모양 중 일부분을 원하는 형태로 수정할 수 있습니다. 지정한 위치에 줄 또는 칸을 삽입하거나 삭제할 수 있으며 여러 개의 칸을 하나로 합치거나 하나의 칸을 여러 줄 또는 여러 칸으로 나눌 수 있습니다. 표 편집 기능을 이용해 원하는 표로 수정해 보도록 하겠습니다.

| 이런 걸 배워요! | 표 삽입/삭제, 표 셀 나누기/합치기

미리보기

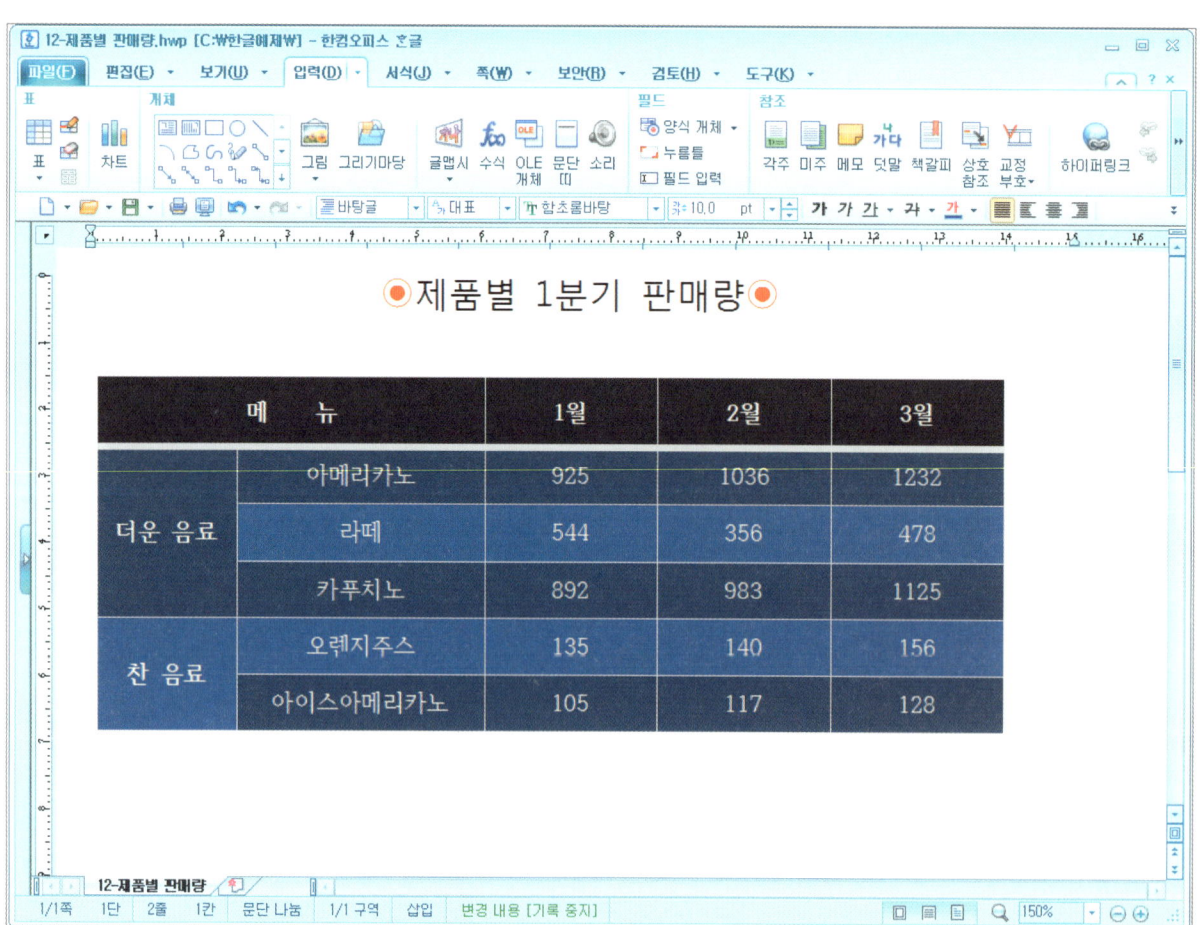

STEP 1 줄 칸 추가하기와 지우기

01 [파일]-[불러오기]를 클릭한 후 '한글예제' 폴더에서 [12-제품별 판매량.hwp] 파일을 불러옵니다. 표 전체를 드래그한 후 [표] 탭에서 스타일 그룹의 [어두운 스타일 2 – 파란 색조] 스타일을 선택합니다.

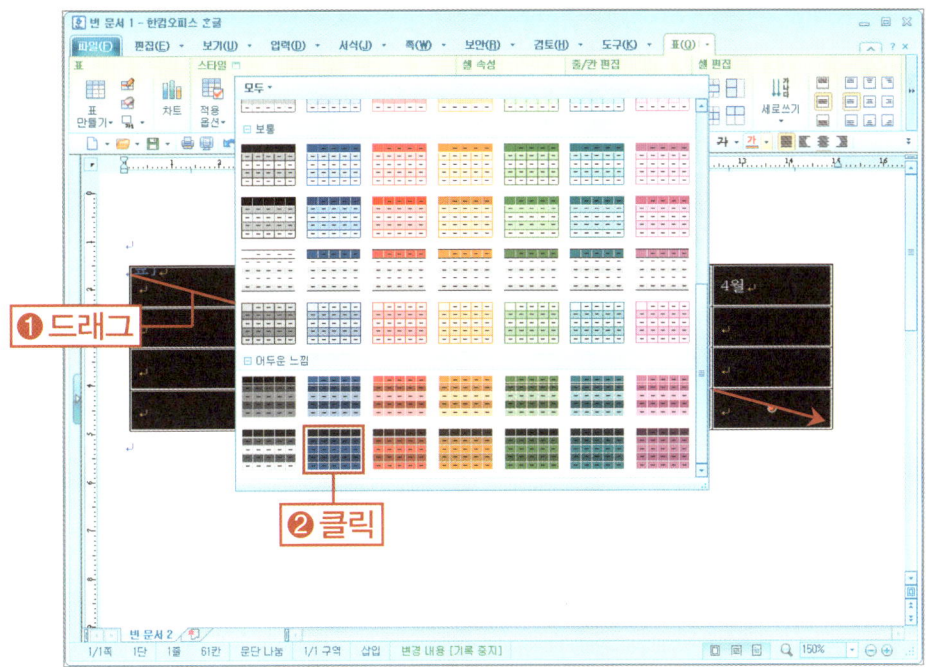

02 이번에는 첫 줄만 드래그하여 범위 지정한 후 글자 색(가▼)의 목록 단추(▼)를 클릭해 [노랑 90% 밝게]를 선택합니다.

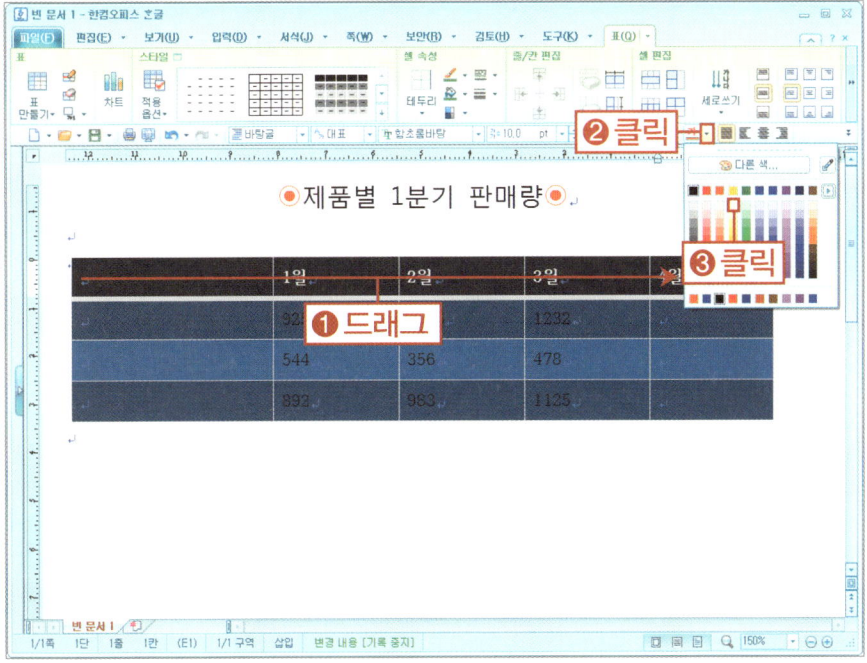

12장. 표 모양 내 맘대로 편집하기 **71**

03 마지막 줄을 클릭해 커서를 놓고 [표] 탭의 [줄/칸 편집] 그룹에서 [아래에 줄 추가하기](⊞)를 두 번 클릭해 줄을 두 개 추가합니다.

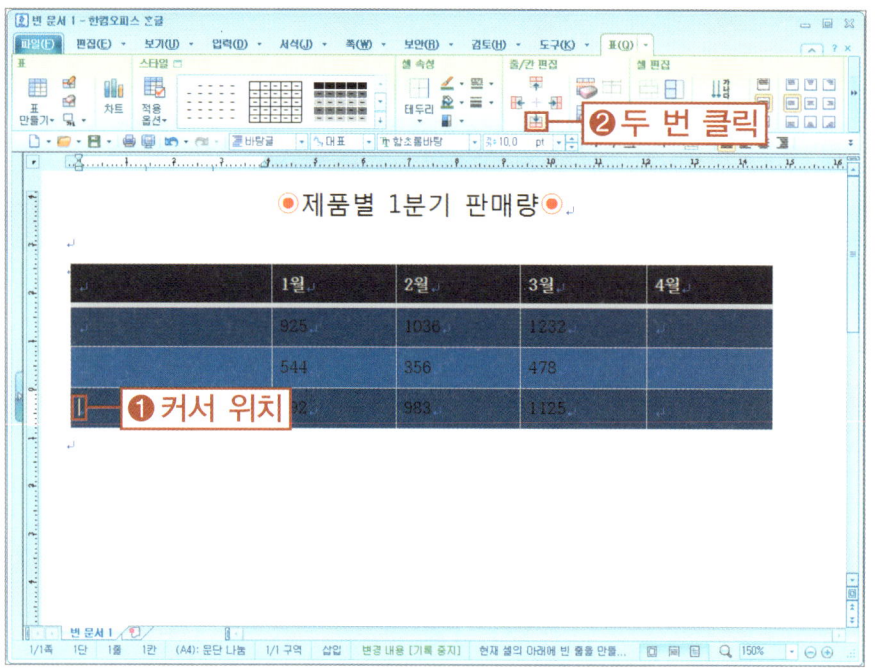

> **TIP** 삽입된 줄이 위의 줄과 크기가 맞지 않을 경우 크기를 맞출 칸을 드래그하고 마우스 포인터를 줄의 맨 마지막 부분에 갖다댄 후 드래그하여 크기를 맞추면 됩니다.

04 마지막 칸을 클릭해 커서를 놓고 [표] 탭에서 [칸 지우기](▦)를 클릭합니다.

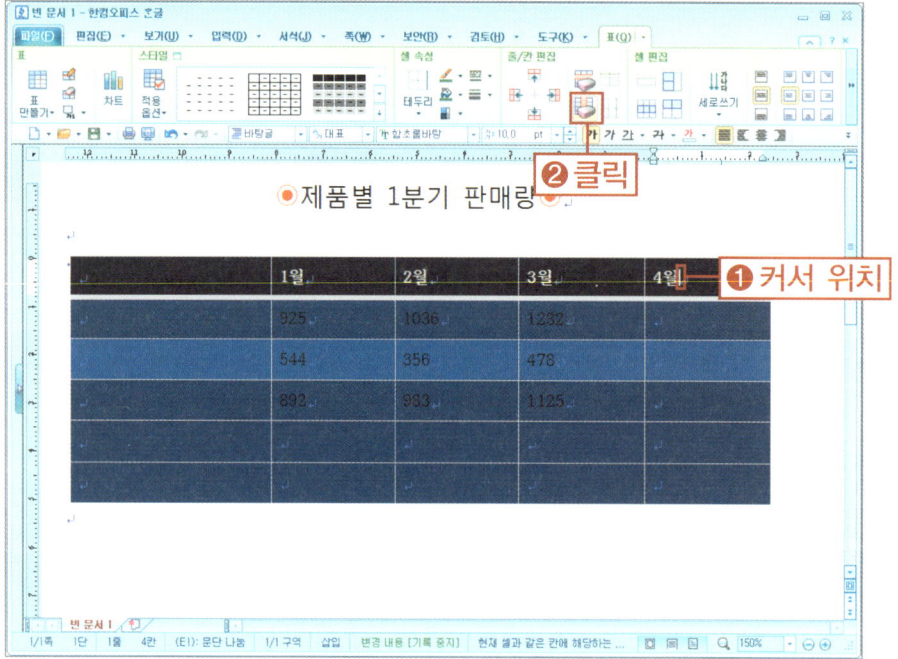

STEP 2 | 셀 나누기와 합치기

05 다음과 같이 다섯 개의 셀을 드래그해 범위로 지정하고 [표] 탭의 [셀 편집] 목록에서 [셀 칸으로 나누기](🔲)를 클릭합니다.

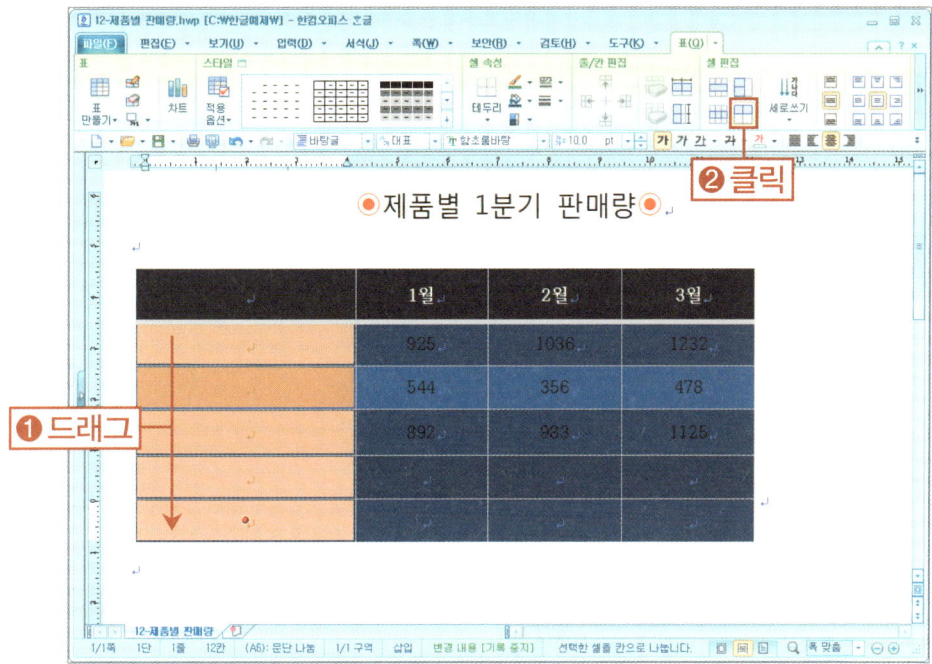

06 다음과 같이 세 개의 셀을 드래그해 범위로 지정한 후 [표] 탭에서 [셀 합치기](🔲)를 클릭합니다.

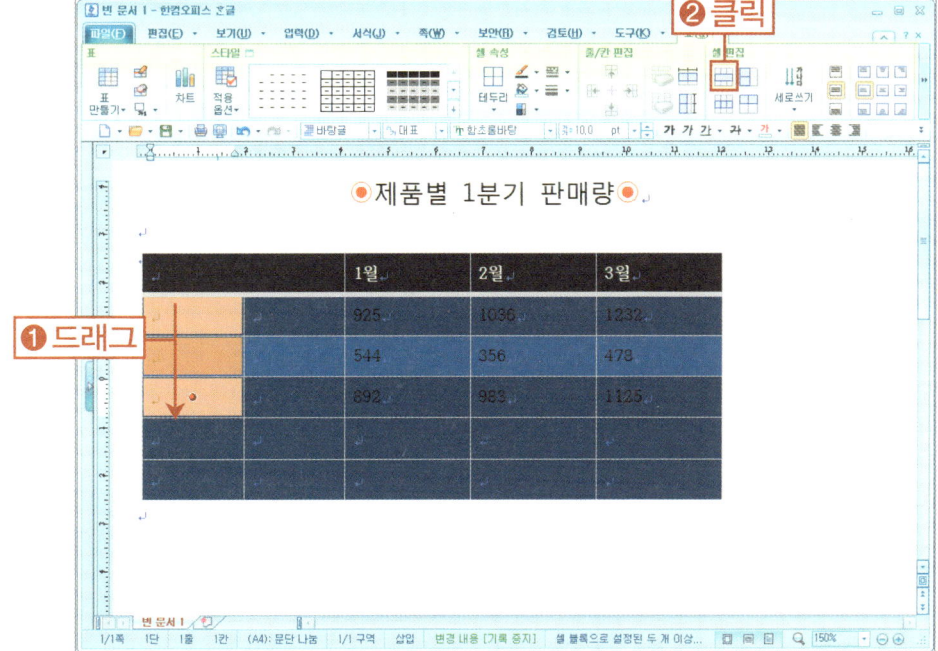

12장. 표 모양 내 맘대로 편집하기

07 다시 아래쪽의 두 셀을 드래그해 범위로 지정한 후 [표] 탭에서 [셀 합치기](⊞)를 클릭합니다.

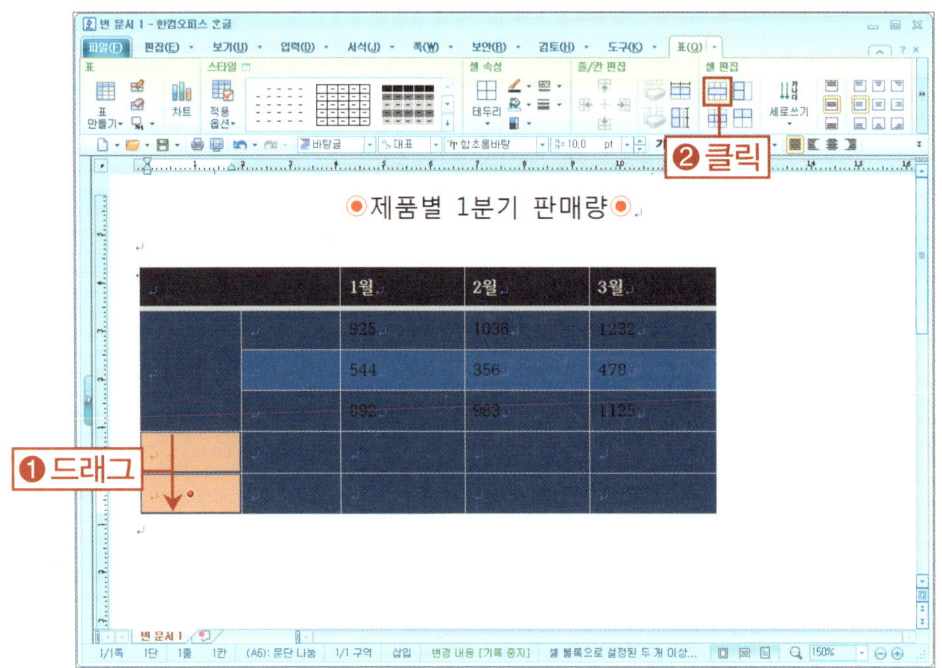

08 [표] 탭의 [배치] 그룹에서 [글자처럼 취급]을 클릭해 체크합니다. 빈 셀에 내용을 모두 입력하고 셀 스타일과 정렬 방식, 글자 색을 지정해 다음과 같이 표를 완성합니다.

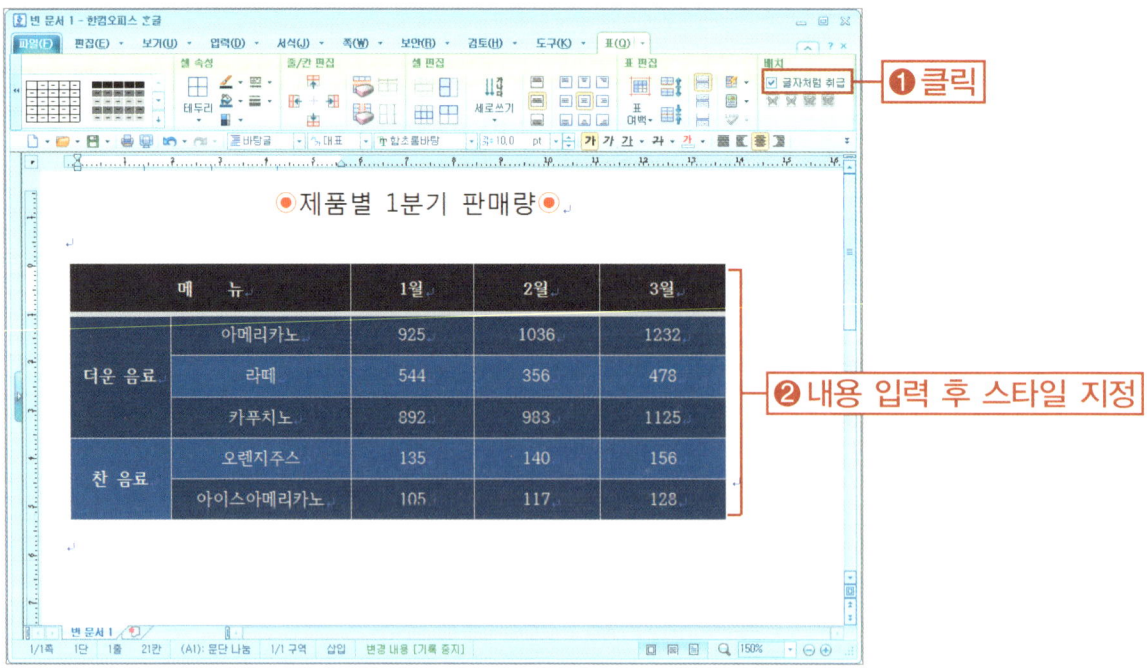

> **TIP** [글자처럼 취급]에 체크하면 표를 글자로 인식해 표의 위치가 고정됩니다. 표의 좌우 위치는 정렬 단추를 이용해 조정할 수 있습니다.

연습문제 >> 문제를 풀며 확인해보세요.

01 '12-연습1.hwp' 문서를 불러와 셀을 합치고 추가해 다음과 같은 모양으로 편집해 보세요.

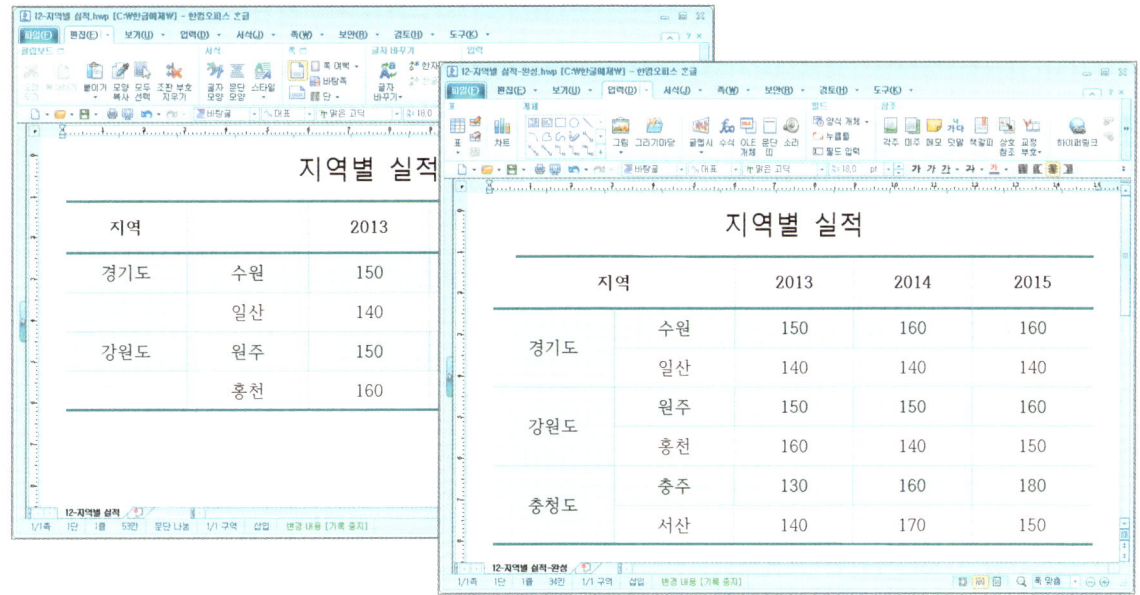

HINT 첫째 줄의 두 셀을 범위 지정하고 [표] 탭-[셀 합치기]→'경기도', '강원도' 셀을 각각 아래 셀과 함께 범위 지정하고 [표] 탭-[셀 합치기]→'홍천' 셀에서 [표] 탭-[아래에 줄 추가하기] 2번 클릭하고 내용 입력→'충청도' 셀을 아래 셀과 함께 범위 지정하고 [표] 탭-[셀 합치기]

02 '12-연습1-완성.hwp' 문서를 불러와 줄을 지우고 칸을 추가해 다음과 같은 모양으로 변경해 보세요.

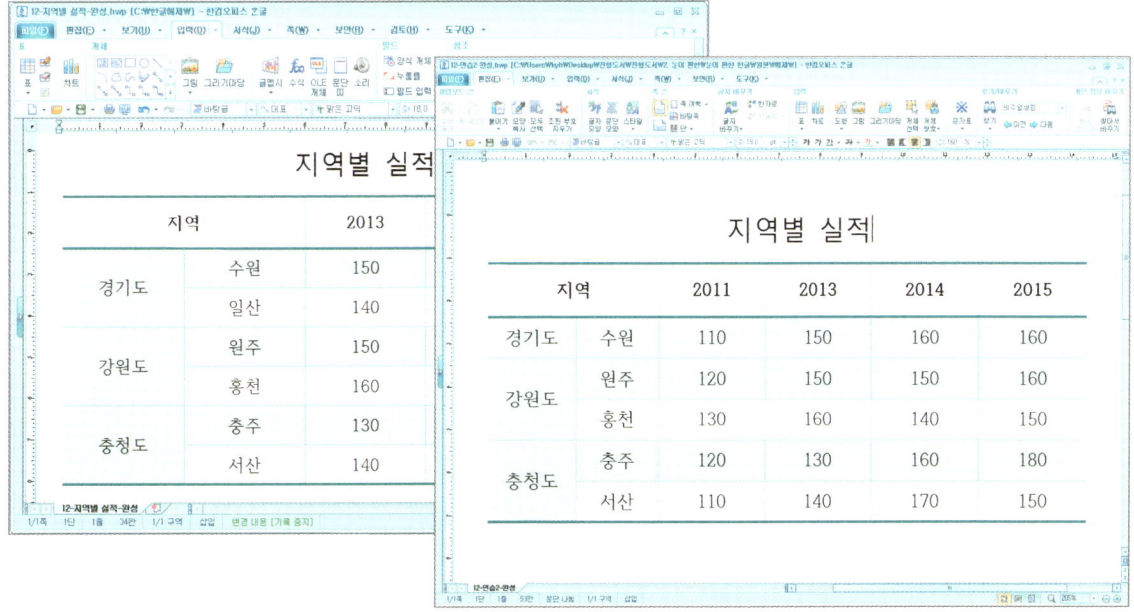

HINT '일산' 셀에 커서를 놓고 [표] 탭에서 [줄 지우기] 클릭→'수원'에 커서를 놓고 [표] 탭에서 [오른쪽에 칸 추가하기] 클릭→내용 입력→'2011~2015' 셀을 드래그해 범위를 지정하고 Ctrl + ← 를 눌러 셀 너비 줄임→셀 경계선을 드래그해 셀 크기 조절

13 첫 글자 장식하고 쪽 번호 넣기

문단의 첫 글자를 장식하는 기능을 이용하면 딱딱한 글을 좀 더 부드럽고 세련되게 편집할 수 있습니다. 또 페이지마다 자동으로 쪽 번호가 나타나도록 설정하면 여러 쪽으로 된 문서를 보기에 편리합니다. 보기 좋고 사용하기 편리한 문단 첫 글자 장식과 쪽 번호 삽입 기능에 대해 알아봅니다.

l 이런 걸 배워요! l 문단 첫 글자 장식, 쪽 번호 매기기

미리보기

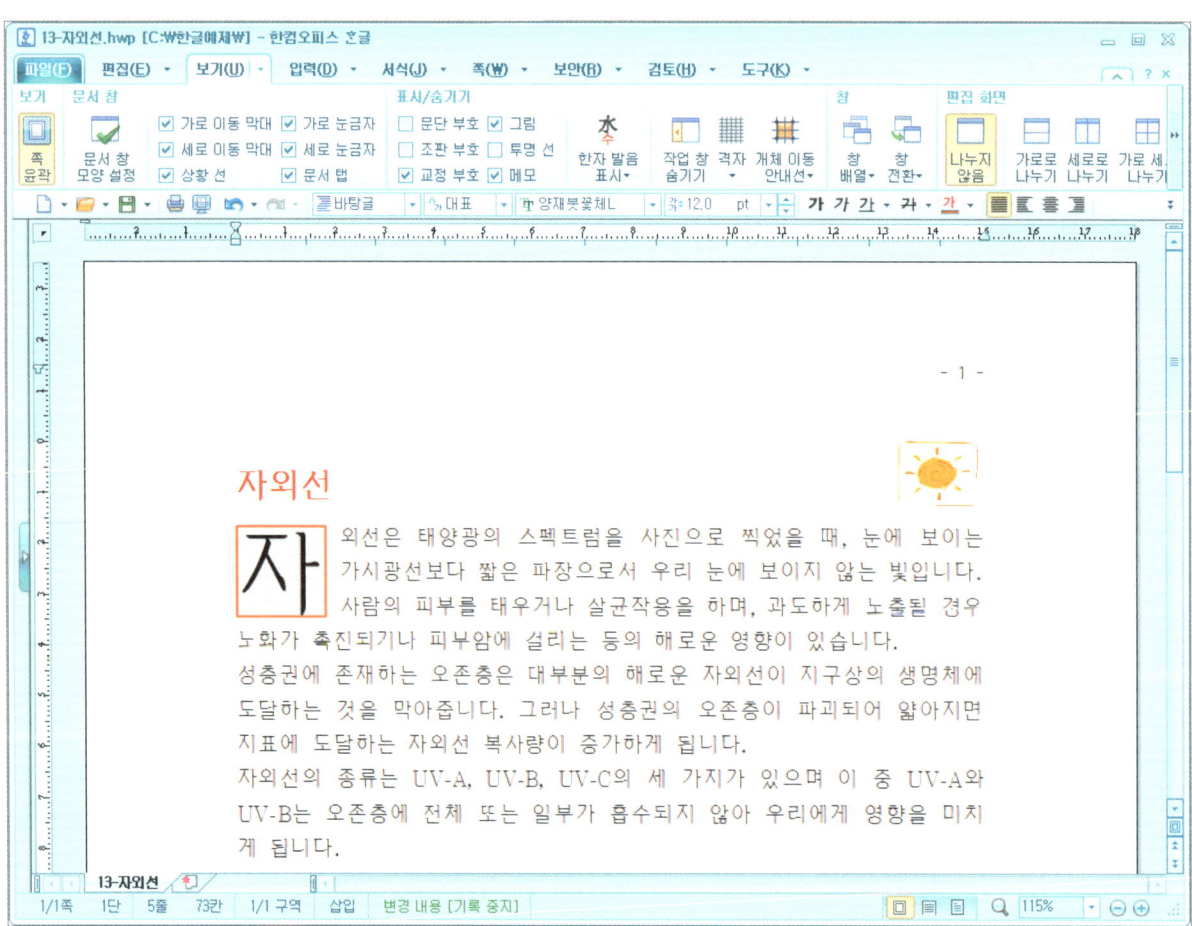

STEP 1 첫 글자 장식하기

01 [파일]-[불러오기]를 클릭한 후 '한글예제' 폴더에서 [13-자외선.hwp] 파일을 불러옵니다. 본문 처음 부분에 커서를 놓고 [서식] 탭의 목록 단추(▼)를 클릭한 후 [문단 첫 글자 장식]을 선택합니다.

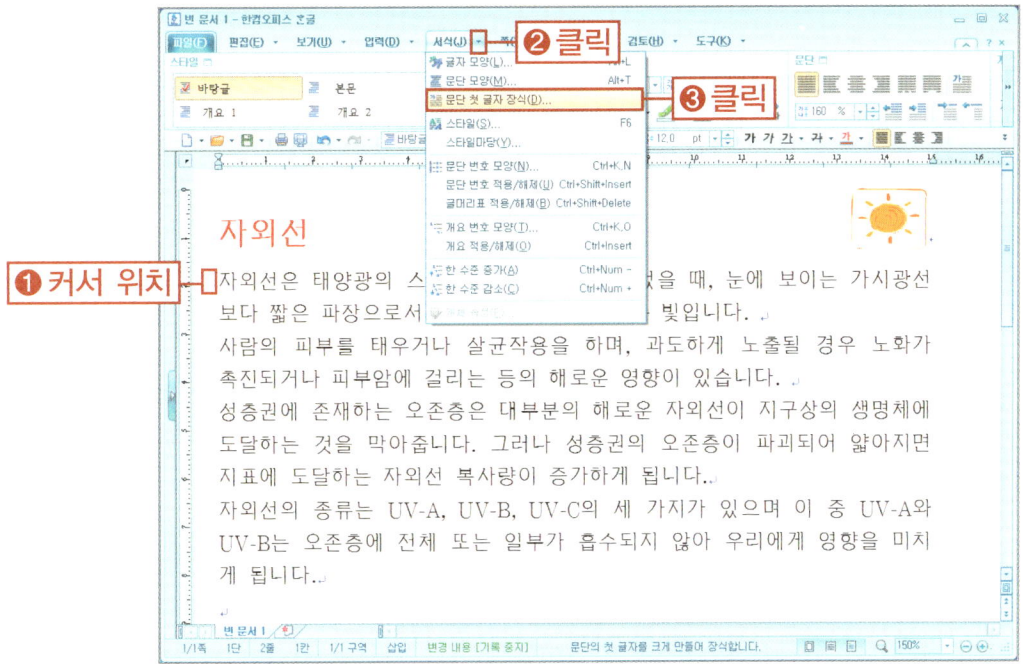

02 [문단 첫 글자 장식] 대화상자가 나타나면 [모양]에서 [3줄]을 클릭합니다. 이후 [면 색]을 클릭하고 [주황]을 선택한 후 [설정]을 클릭합니다.

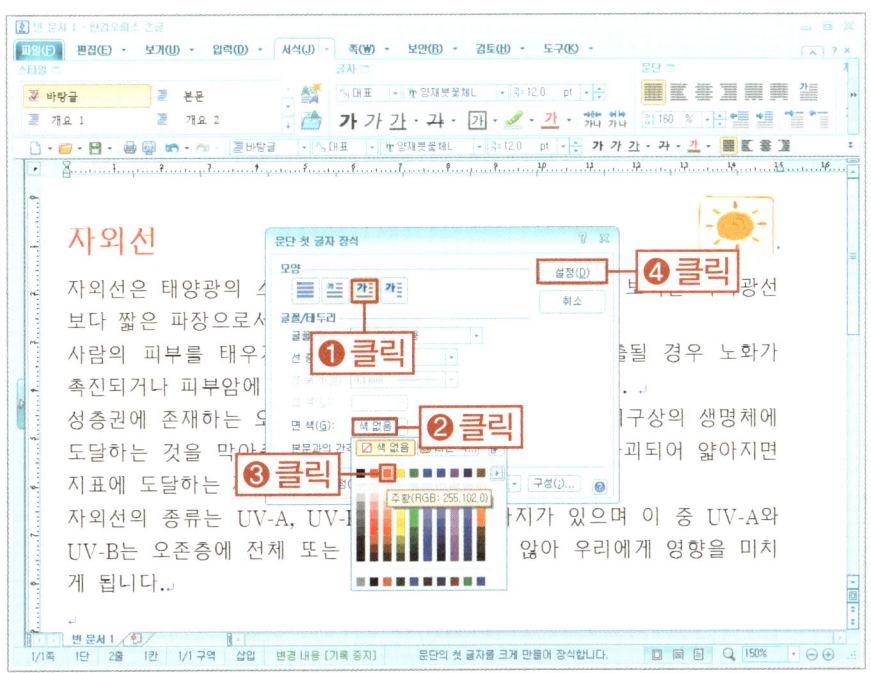

03 문단의 첫 글자가 3줄 크기로 확대되고 지정한 배경색이 나타납니다. 다시 [서식] 탭의 목록 단추(▼)를 클릭한 후 [문단 첫 글자 장식]을 선택합니다.

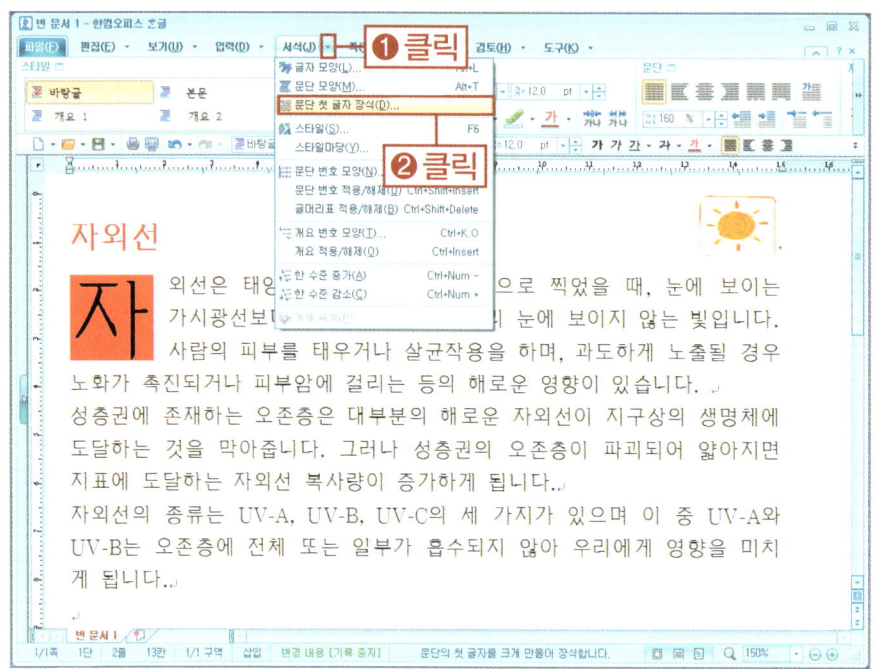

04 [문단 첫 글자 장식] 대화상자가 나타나면 [선 종류]를 선택한 후 목록의 제일 위에 있는 [실선]을 클릭합니다. [선 굵기]에서 [0.4mm]를, [선 색]에서 [주황]을 선택하고 [면 색]에서 [검정 90% 밝게]를 선택한 후 [설정]을 클릭합니다.

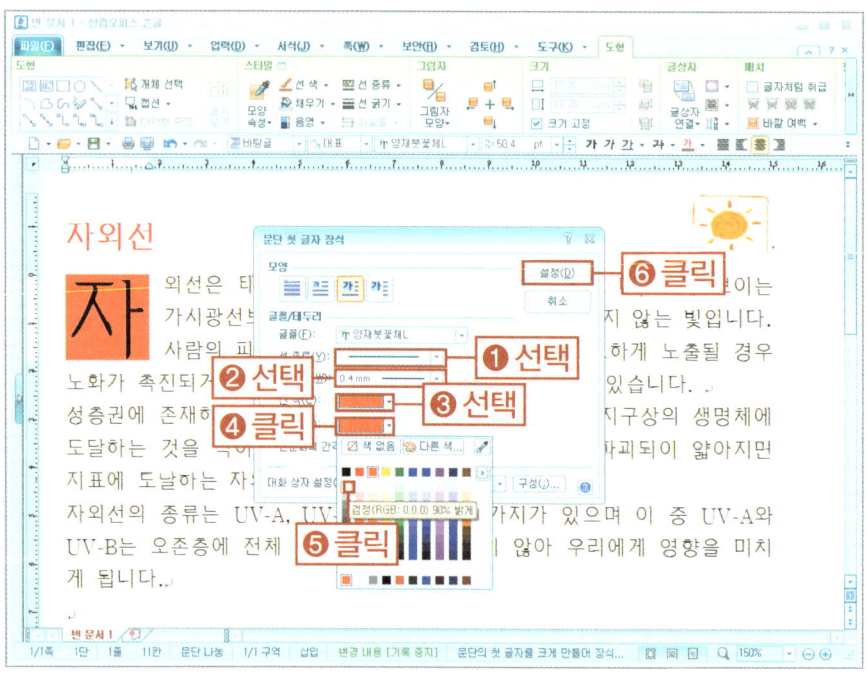

STEP 2 쪽 번호 매기기

05 문단 첫 글자 모양이 변경됩니다. 이번에는 자동으로 쪽 번호가 나타나도록 하기 위해 [쪽] 탭을 클릭하고 [쪽 모양] 그룹에서 [쪽 번호 매기기]를 클릭합니다.

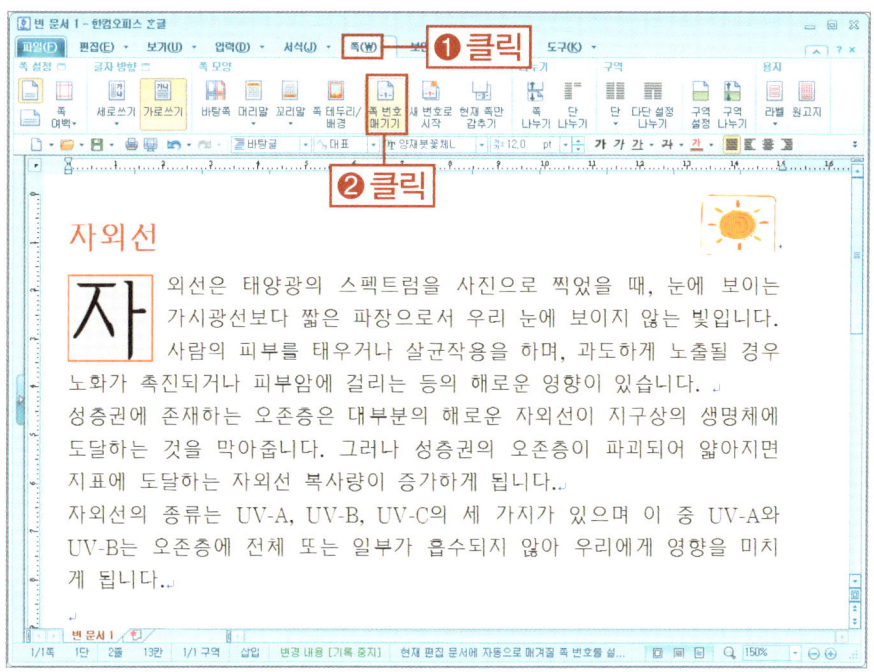

06 [쪽 번호 매기기] 대화상자가 나타나면 [번호 위치]에서 오른쪽 위를 클릭해 선택합니다. [번호 모양]에서 [1,2,3]을 선택하고 [줄표 넣기]에 체크한 후 [넣기]를 클릭합니다.

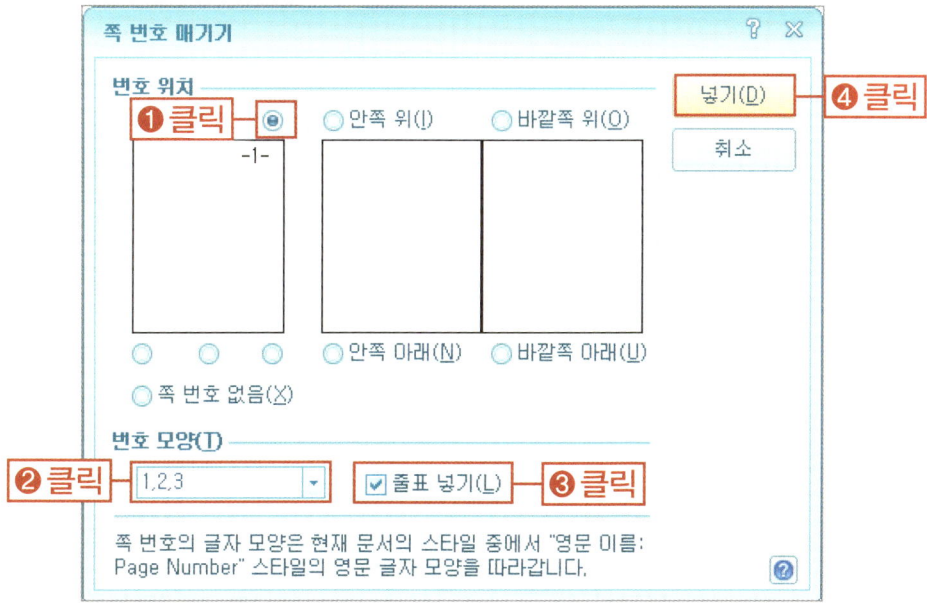

13장. 첫 글자 장식하고 쪽 번호 넣기

07 지정된 쪽 번호는 쪽 윤곽이 설정되거나 인쇄 미리 보기 상태에서만 확인이 가능합니다. [보기] 탭으로 이동해 [쪽 윤곽]을 클릭하여 쪽 번호를 확인합니다.

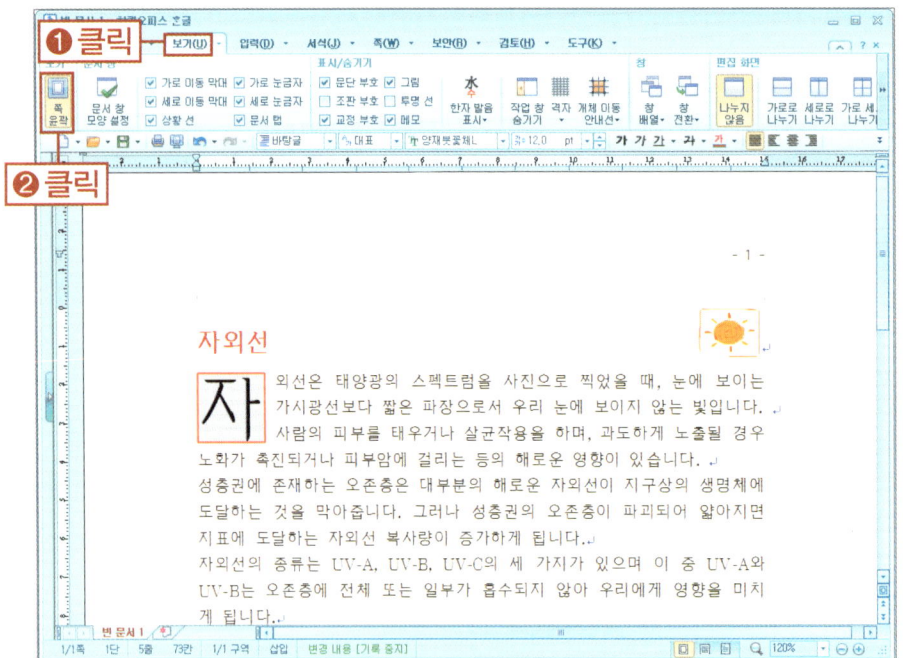

TIP [쪽 테두리] 기능을 이용하면 용지에 테두리 선을 지정할 수 있습니다. [쪽] 탭에서 [쪽 테두리/배경]을 클릭하고 [쪽 테두리/배경] 대화상자의 [테두리] 탭에서 테두리 선의 종류와 굵기, 색 등을 지정해 테두리를 만들 수 있습니다. 또 [적용 쪽]에서 [첫 쪽만]을 선택하면 첫 쪽에만 테두리를 지정해 표지로 사용할 수도 있습니다.

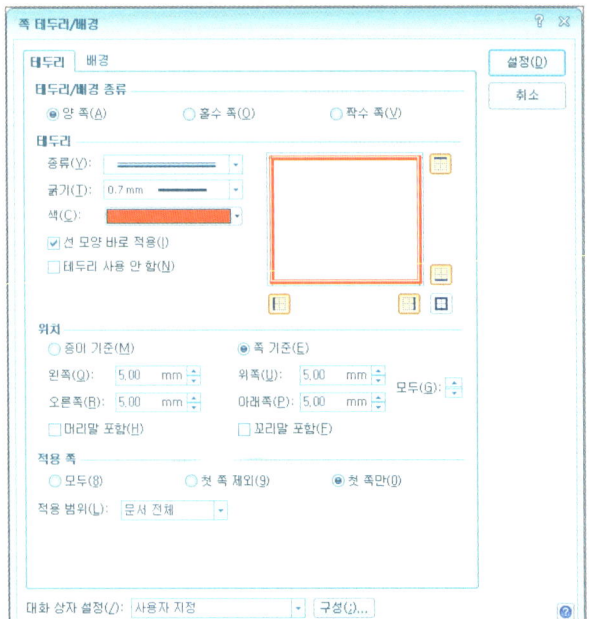

연습문제 》 문제를 풀며 확인해보세요.

01 '13-연습1.hwp'를 열고 문단 첫 글자를 다음과 같이 장식해 보세요.

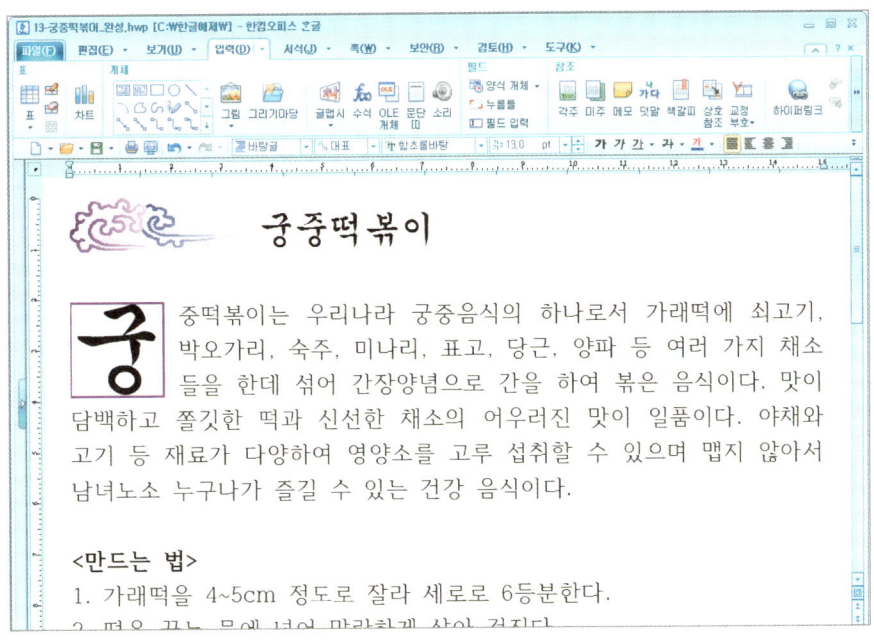

HINT 본문 처음에 커서를 놓고 [서식] 탭의 목록 단추를 클릭한 후 [문단 첫 글자 장식] 선택→대화상자에서 [3줄]을 선택하고 [글꼴]에서 '궁서체', [선 종류]에서 실선, [선 굵기]에서 '0.5mm', [선 색]에서 [보라]를 선택하고 [설정]을 클릭

02 '13-연습1-완성.hwp'를 열고 문단 첫 글자의 배경 색을 변경한 후 문서 위쪽에 쪽 번호를 지정해 보세요.

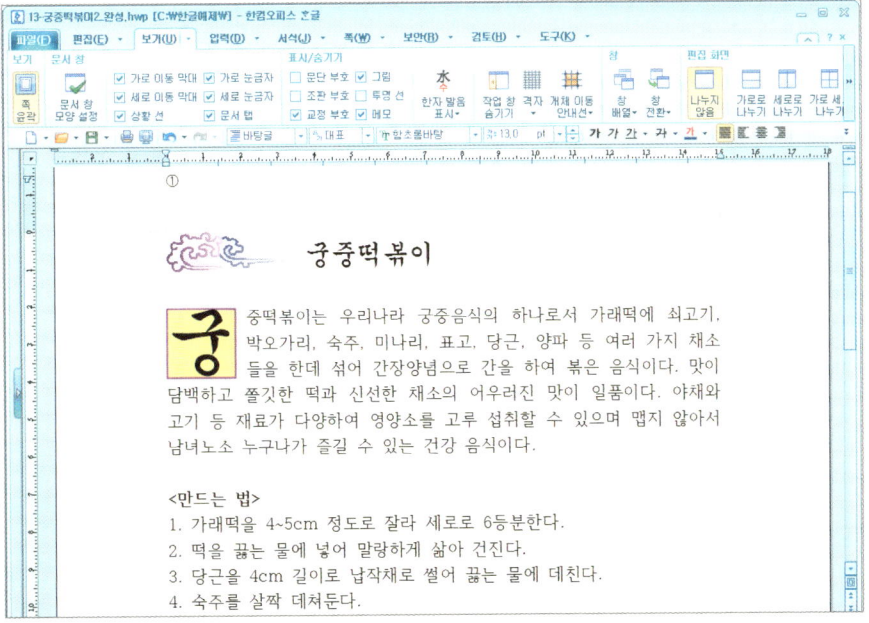

HINT '궁' 옆에 커서를 놓고 [서식] 탭의 목록 단추를 클릭한 후 [문단 첫 글자 장식] 선택→대화상자에서 [면 색](노랑 60% 밝게)을 지정→[쪽] 탭에서 [쪽 번호 매기기] 클릭→[번호 위치]에서 '왼쪽 위'를 선택하고 [번호 모양]에서 '①, ②, ③'을 선택한 후 [넣기] 클릭→[보기] 탭에서 [쪽 윤곽] 클릭해 확인

14 문서에 차트와 도형 삽입하기

한글 문서에도 막대형, 꺾은선형, 원형 등의 차트를 삽입할 수 있습니다. 삽입한 차트에는 다양한 스타일을 적용할 수 있으며 제목, 범례 등의 속성을 지정할 수도 있습니다. 또 여러 가지 모양의 도형이나 선을 삽입할 수 있고 스타일을 지정하거나 도형 안에 글자를 입력할 수 있습니다. 차트와 도형을 삽입해봅니다.

| 이런 걸 배워요! | 차트 삽입, 차트 편집, 도형 삽입, 도형에 글자 넣기

미리보기

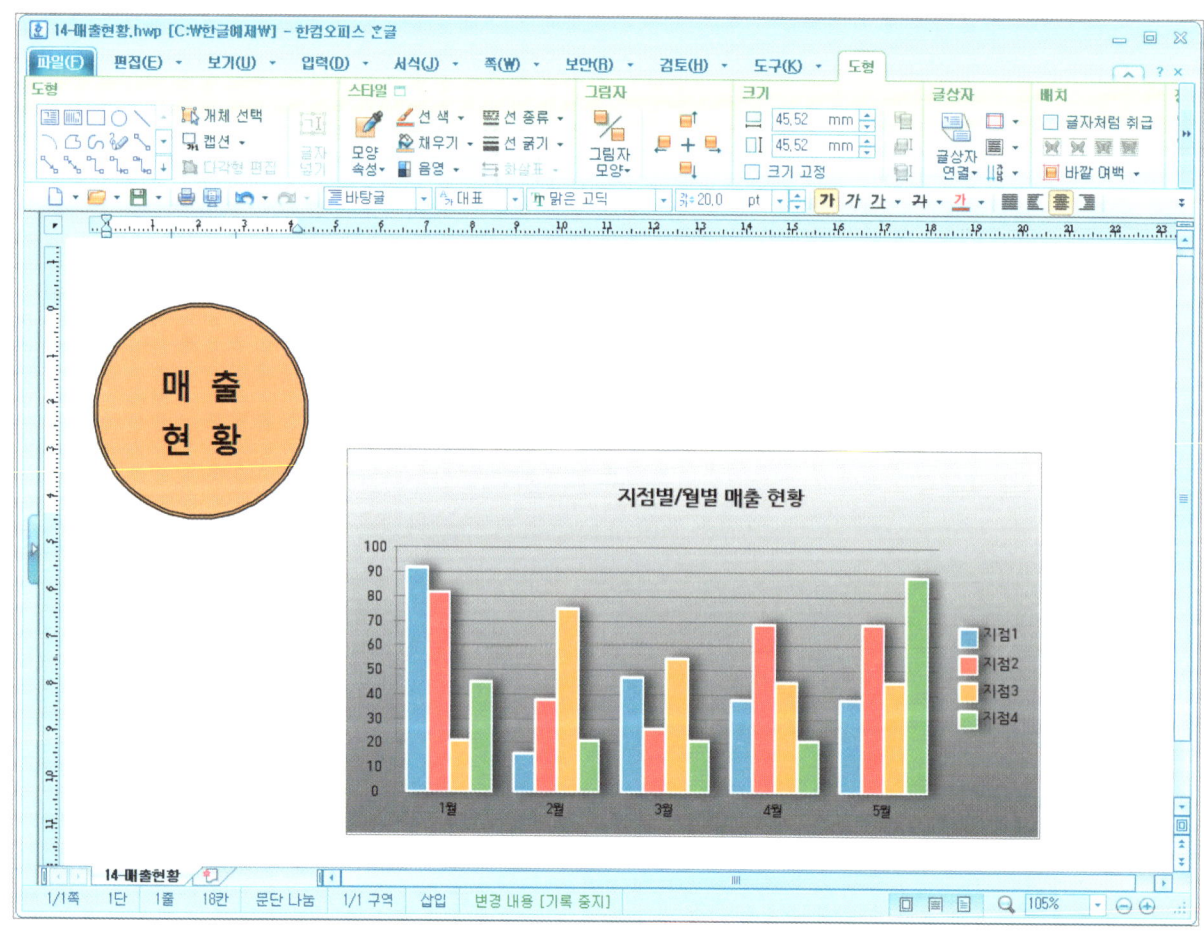

STEP 1 : 차트 삽입하고 설정하기

01 새 문서에서 [입력] 탭을 선택한 후 [차트]를 클릭해 차트를 삽입합니다. 기본형 차트가 삽입되면 차트 안을 드래그해 차트를 가운데로 이동시킨 후 조절점을 드래그해 다음과 같이 크기를 조절합니다.

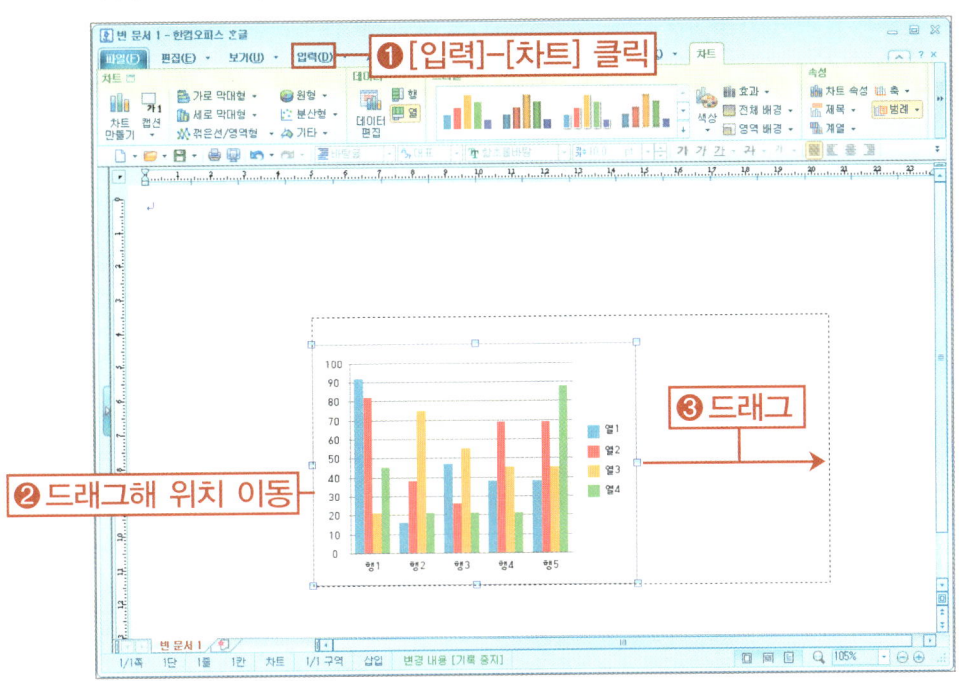

02 [차트] 탭의 [데이터] 그룹에서 [데이터 편집]을 클릭합니다. [차트 데이터 편집] 대화상자가 나타나면 행과 열을 클릭해 다음과 같이 지점과 월을 입력하고 [확인]을 클릭합니다.

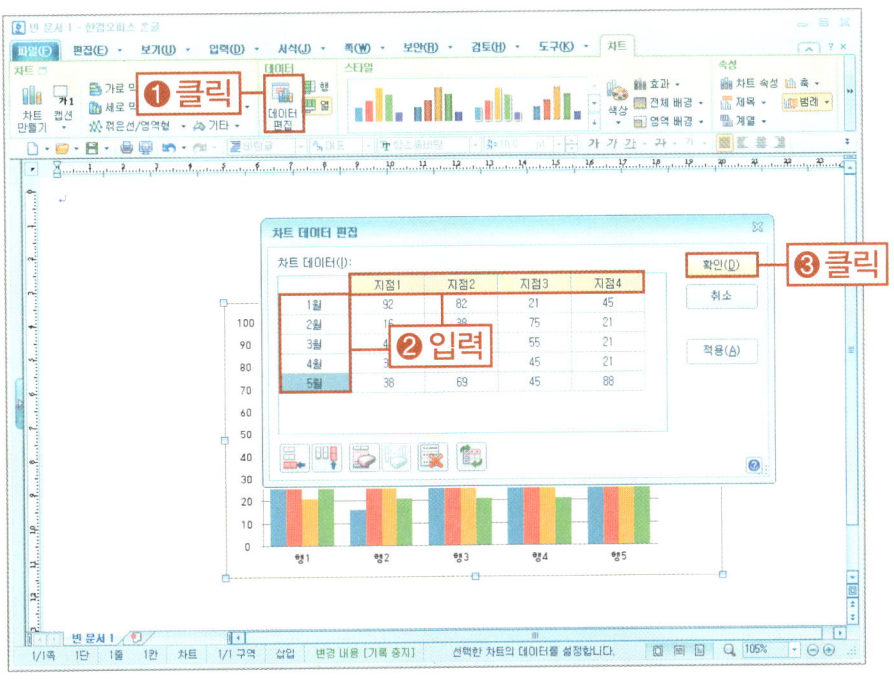

TIP 셀 안을 클릭해 숫자를 수정하거나 입력할 수 있습니다.

03 [차트] 탭의 [스타일] 그룹에서 [자세히](↓)를 클릭하고 목록에서 [파스텔 색, 흰색 테두리, 그림자 모양]을 선택합니다.

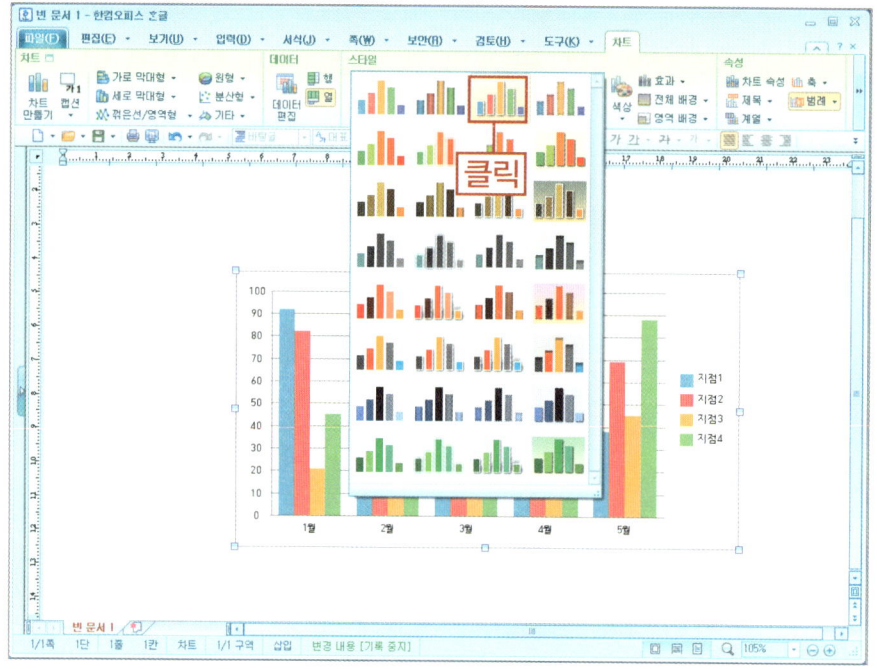

04 [차트] 탭에서 [전체 배경]을 클릭하고 [배경-연회색/회색 그러데이션]을 선택합니다.

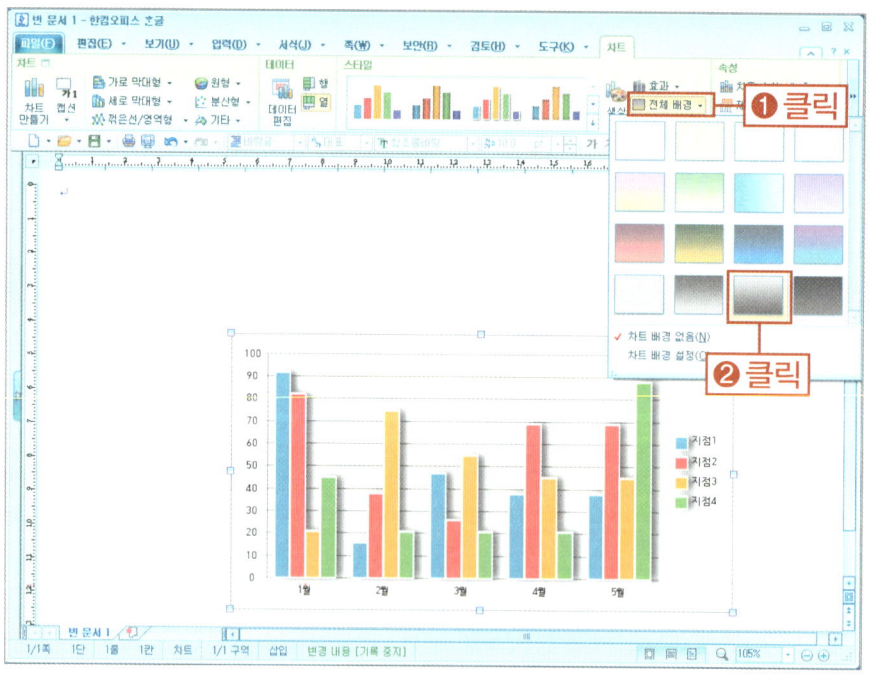

> **TIP** [영역 배경]을 선택하면 막대가 표시된 부분의 영역만 따로 색을 지정할 수 있습니다.

05 [차트] 탭의 [속성] 그룹에서 [제목]의 목록 단추(▼)를 클릭하고 [위쪽 표시]를 선택합니다.

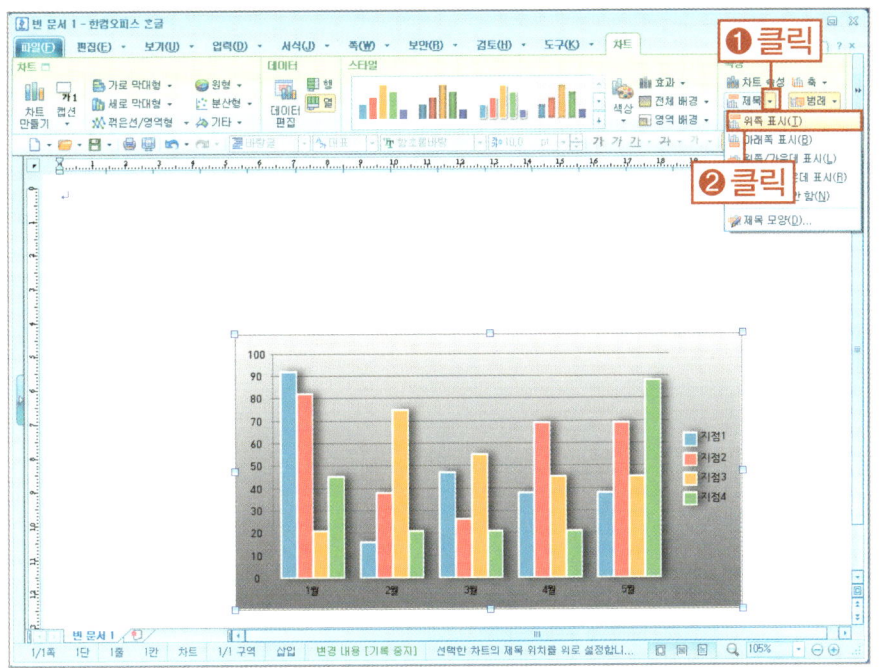

> **TIP** [차트] 탭의 [속성] 그룹에서 [차트 속성]을 클릭하면 원형, 꺾은선형 등 다른 종류의 차트로 변경할 수 있습니다.

06 '차트 제목'이 삽입되면 더블 클릭합니다. [제목 모양] 대화상자가 나타나면 [글자] 탭을 클릭하고 [내용]에 '지점별/월별 매출 현황'을 입력합니다. 이후 [진하게](가)를 클릭한 후 [설정]을 클릭합니다.

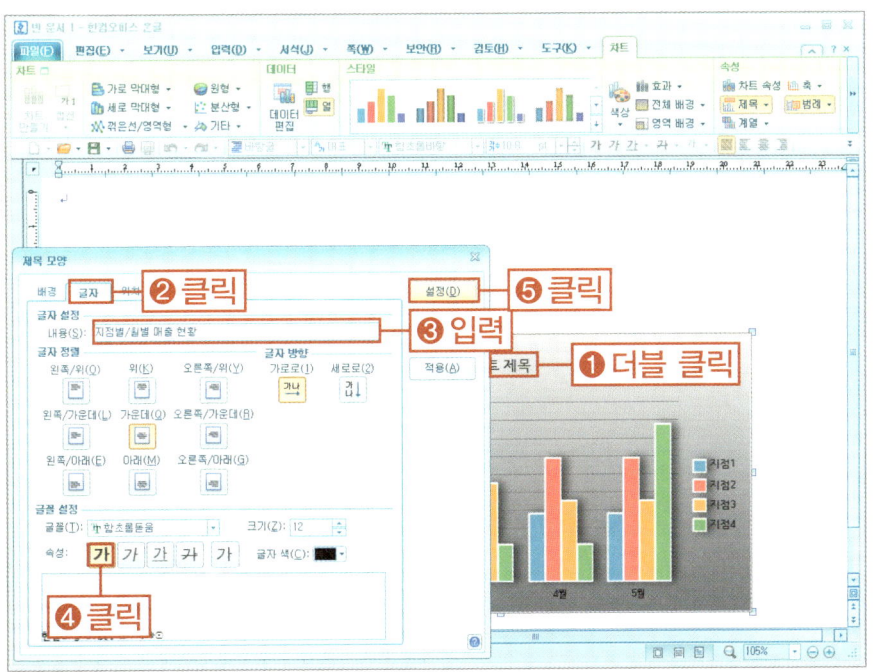

> **TIP** 수정된 차트 제목의 조절점을 드래그해 제목이 한 줄로 표시되도록 확대합니다.

14장. 문서에 차트와 도형 삽입하기 **85**

STEP 2 도형 삽입하기

07 [입력] 탭의 [개체] 그룹에서 [타원](○)을 클릭하고 Shift 를 누른 채 대각선 오른쪽 아래 방향으로 드래그해 정원을 삽입합니다.

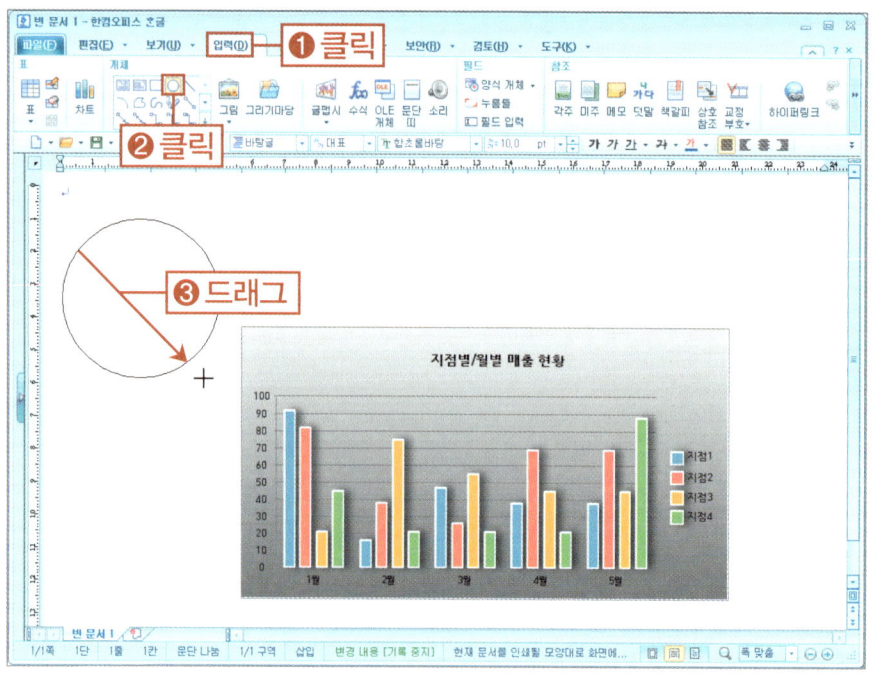

08 [도형] 탭에서 [채우기]의 목록 단추를 클릭하고 [탁한 황갈 60% 밝게]를 선택합니다.

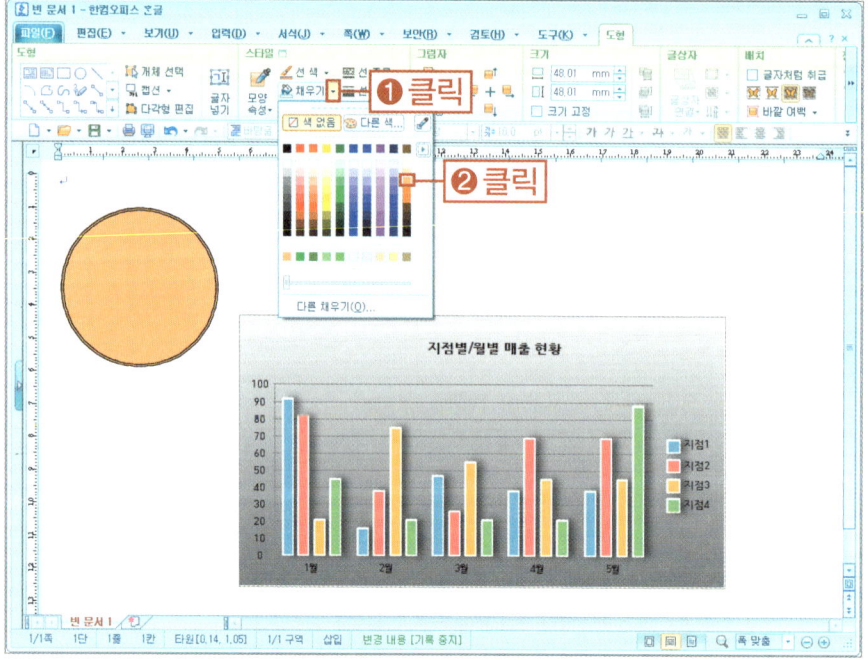

TIP 선 종류, 선 색, 채우기 색 등은 일전에 사용했던 설정에 따라 다르게 나올 수 있습니다.

09 도형 안에서 마우스의 오른쪽 단추를 클릭하고 [도형 안에 글자 넣기]를 선택합니다.

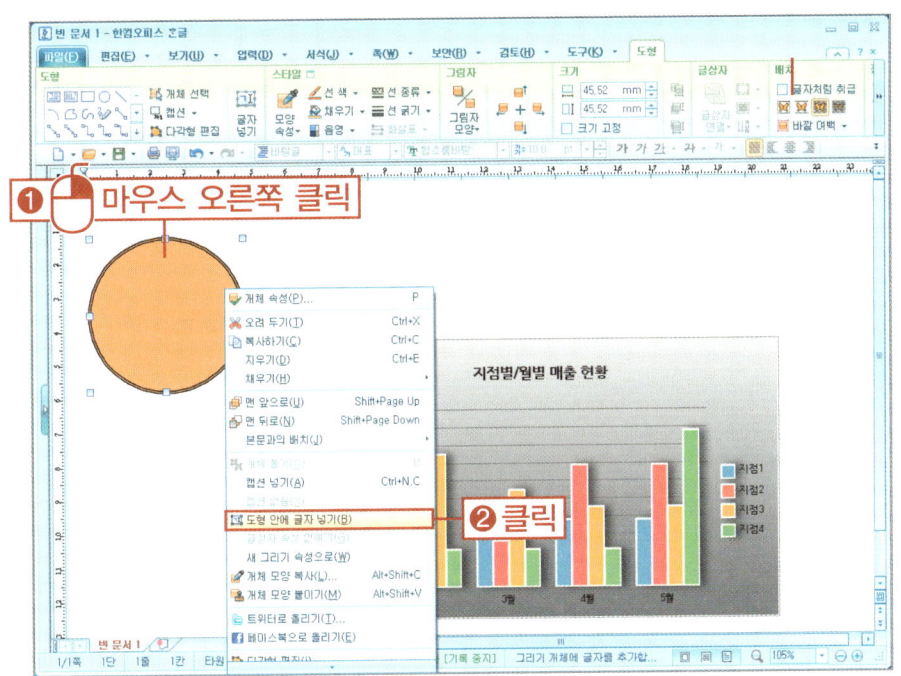

10 도형 안에 커서가 생기면 다음과 같이 내용을 입력하고 글자 모양을 지정합니다.

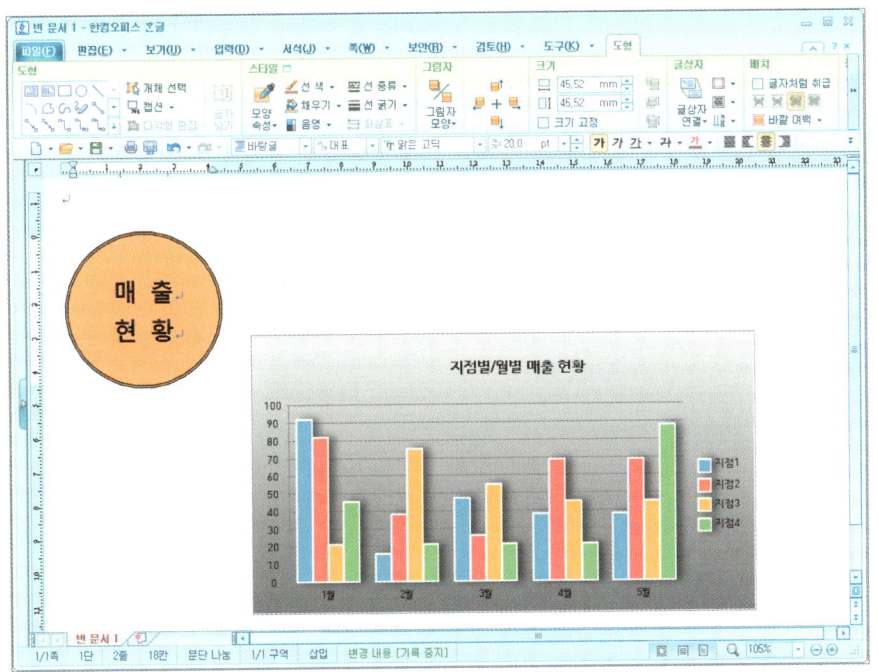

> **TIP** 도형 목록에서 [가로 글상자](▭) 또는 [세로 글상자](▯)를 선택하면 사각형의 글상자 안에 내용을 입력할 수 있습니다.

14장. 문서에 차트와 도형 삽입하기 **87**

연습문제 》 문제를 풀며 확인해보세요.

01 가로 막대형 차트를 문서에 삽입하고 배경과 제목 등을 꾸며 다음과 같이 만들어 보세요.

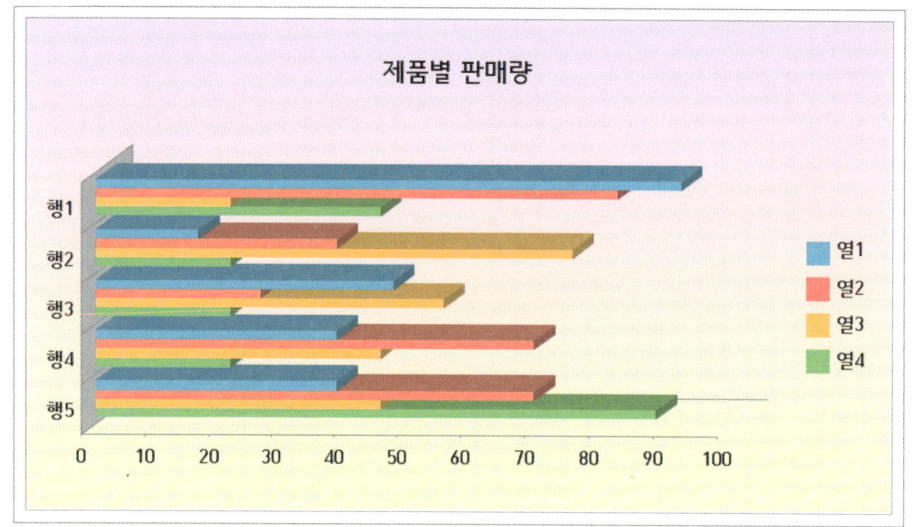

> HINT [입력] 탭-[차트] 클릭→[차트] 탭-[가로 막대형]-[값(Y)축 표시 안함 3차원 설정 묶은 가로 막대형] 선택→[차트] 탭-[전체 배경]-[분홍색/노란색 그러데이션] 선택→속성 목록에서 [제목]-[위쪽 표시] 선택→제목을 더블 클릭해 대화상자의 [글자] 탭에서 '제품별 판매량' 입력하고 [설정] 클릭

02 '14-연습2.hwp'를 열고 차트 종류를 꺾은선형으로 변경한 후 직사각형 도형을 이용해 제목을 만들어 보세요.

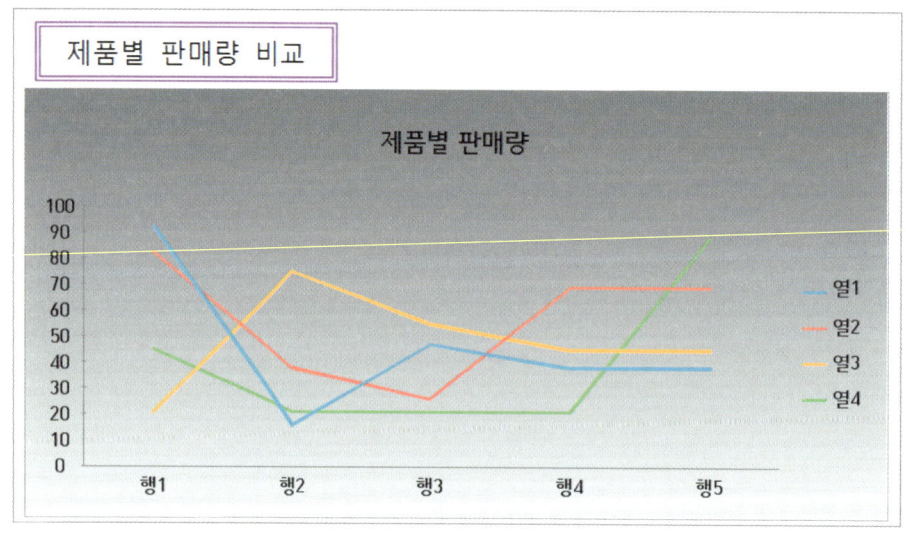

> HINT 문서 불러오기→[차트] 탭에서 [꺾은선형/영역형]-[꺾은선형] 선택→차트를 아래로 이동하고 [입력] 탭의 [개체] 그룹에서 [직사각형]을 클릭하고 차트 위쪽에 삽입→직사각형에서 마우스 오른쪽 단추를 클릭하고 [도형 안에 글자 넣기] 선택→'제품별 판매량 비교' 입력하고 [가운데 정렬] 클릭→[차트] 탭-[전체 배경]-[배경-진회색/연회색 그러데이션] 선택

15 다단과 글머리표로 소식지 만들기

다단 기능을 이용하면 신문이나 잡지와 같이 한 용지에 여러 단으로 구성된 문서를 만들 수 있습니다. 또 기호나 그림으로 된 글머리표를 삽입해 깔끔하고 이해하기 쉽도록 문서를 작성할 수 있습니다. 다단과 글머리표 기능을 이용해 문서를 작성해봅니다.

| 이런 걸 배워요! | 다단 설정, 글머리표 삽입, 그림 글머리표 삽입

미리보기

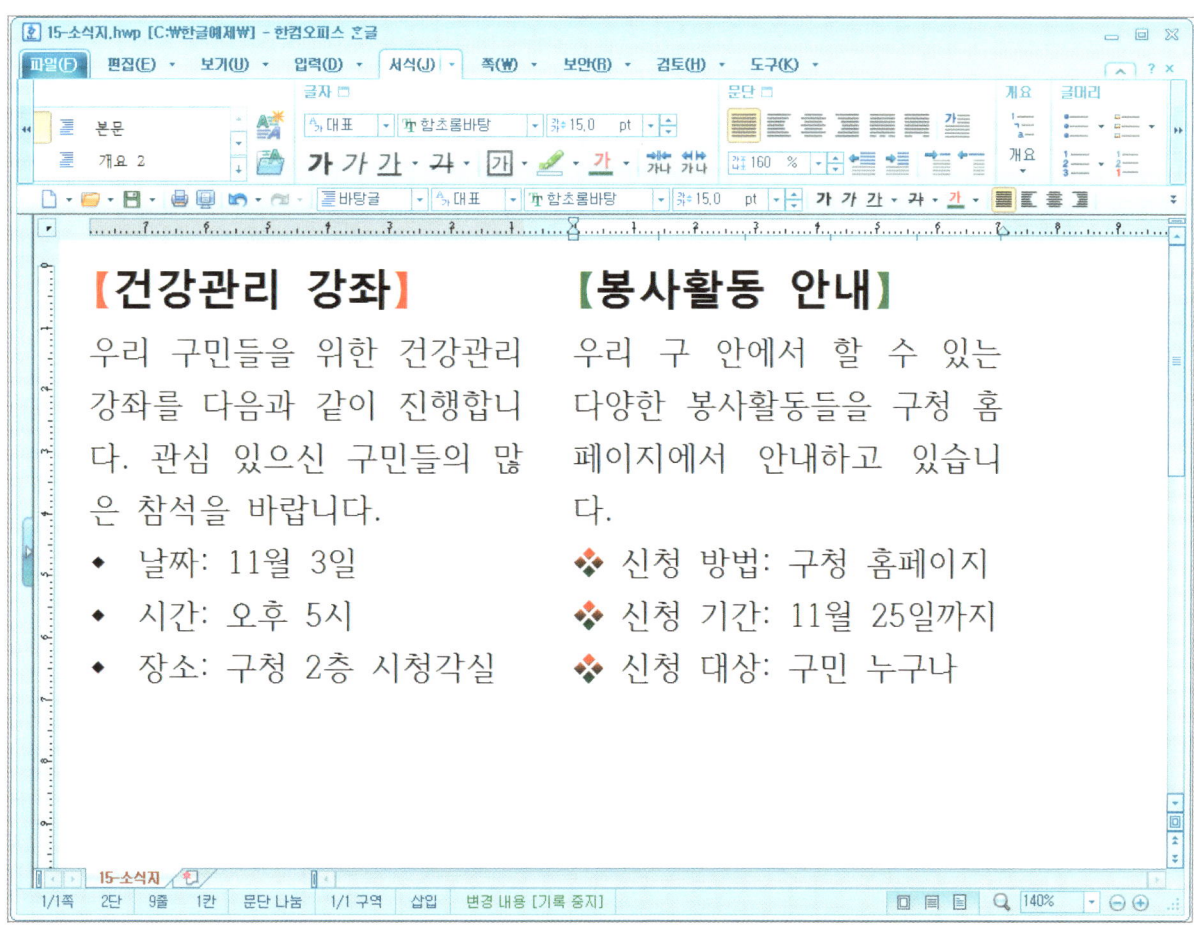

STEP 1 다단 설정하기

01 새 문서에서 [쪽] 탭을 클릭합니다. 이후 [구역] 그룹에서 [단]의 목록 단추를 클릭하고 [둘]을 선택합니다.

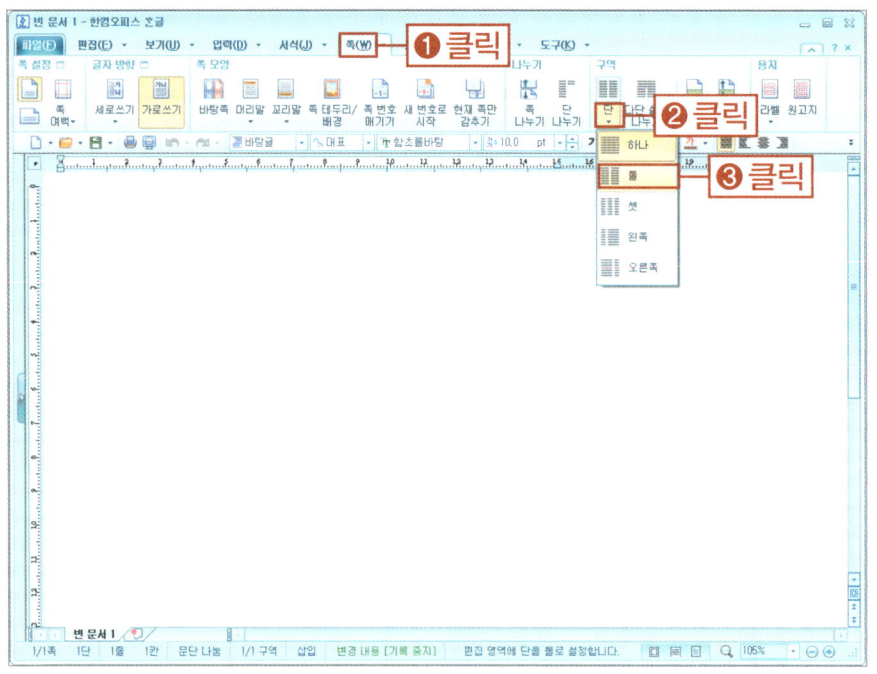

02 다음과 같이 제목과 내용을 입력하고 글자 모양을 설정합니다. 단이 나뉘었으므로 첫째 단에만 내용이 입력됩니다.

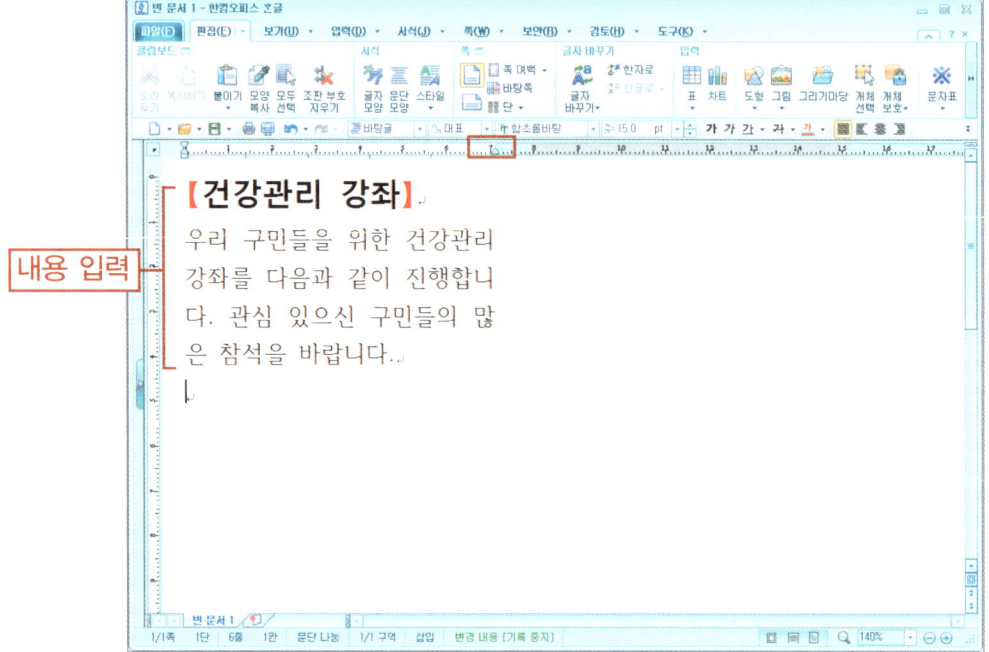

> TIP
> - 눈금자에 단이 나뉘는 부분이 (......)와 같이 표시됩니다.
> - 제목은 [맑은 고딕], [20pt], [진하게], 본문 내용은 [15pt]로 지정하였습니다.

03 맨 아래 줄에 커서를 놓은 다음 [서식] 탭의 [글머리] 그룹에서 왼쪽 [글머리표]의 목록 단추(▼)를 클릭하고 적용할 모양을 선택합니다.

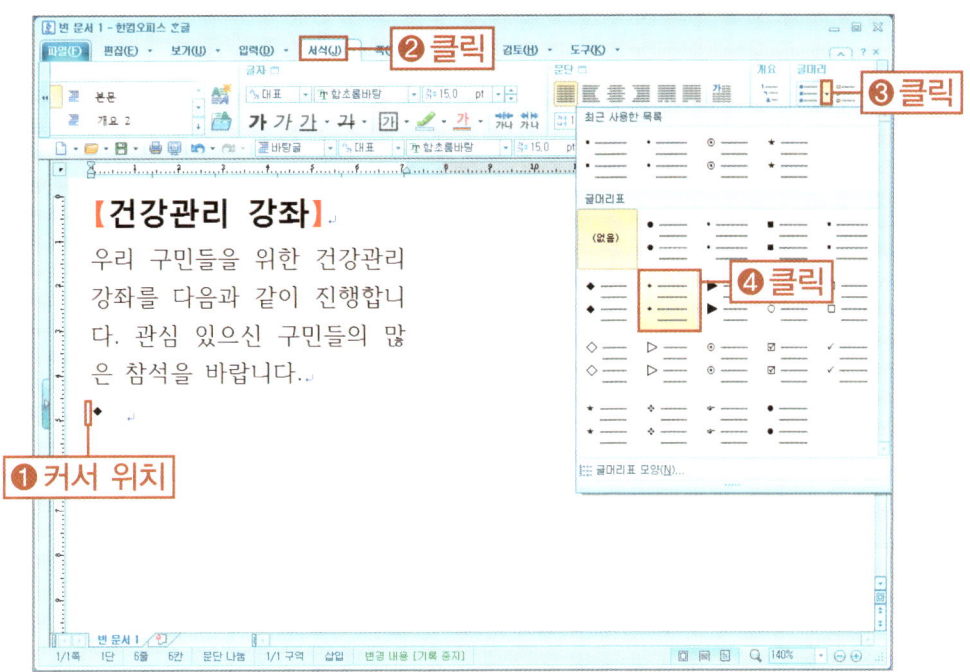

> **TIP** 리본 메뉴에서 오른쪽 도구 단추가 보이지 않으면 리본 끝의 (») 단추를 클릭해 가려진 부분을 볼 수 있습니다.

04 내용을 입력하고 Enter 를 눌러 다음 내용을 입력합니다. 다음과 같이 세 줄을 입력하고 Enter 를 누른 후 다시 [서식] 탭에서 [글머리표]를 클릭해 글머리표 삽입을 해제합니다.

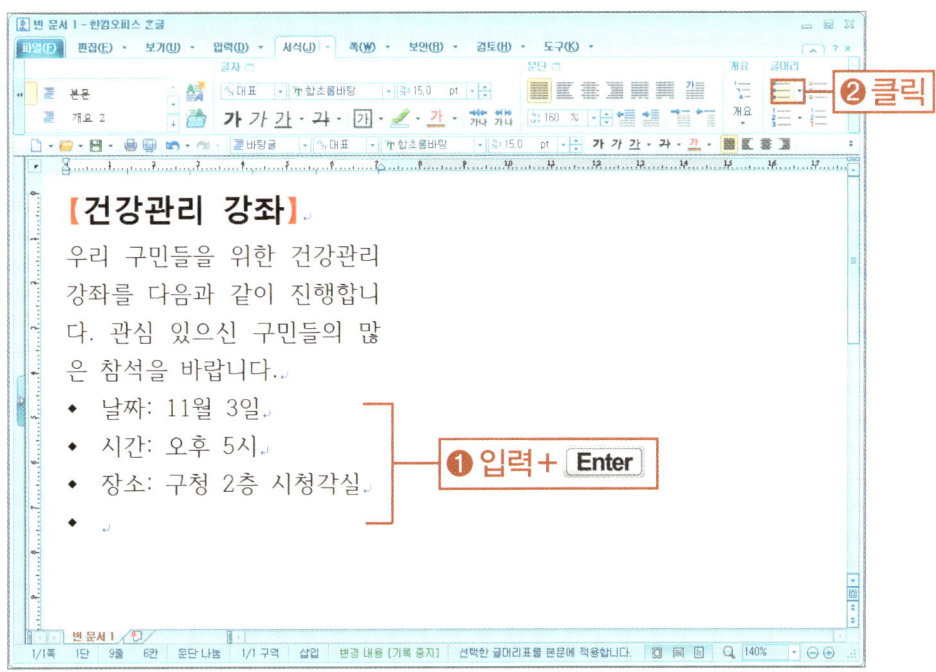

> **TIP** 글머리표 삽입을 마치려고 할 경우, 내용을 입력하지 않은 마지막 줄에서 Enter 를 눌러도 글머리표 삽입이 해제됩니다.

15장. 다단과 글머리표로 소식지 만들기 **91**

05 오른쪽 단으로 이동하기 위해 왼쪽 단의 끝에 커서를 놓고 [쪽] 탭을 클릭한 후 [나누기] 그룹에서 [단 나누기]를 클릭합니다.

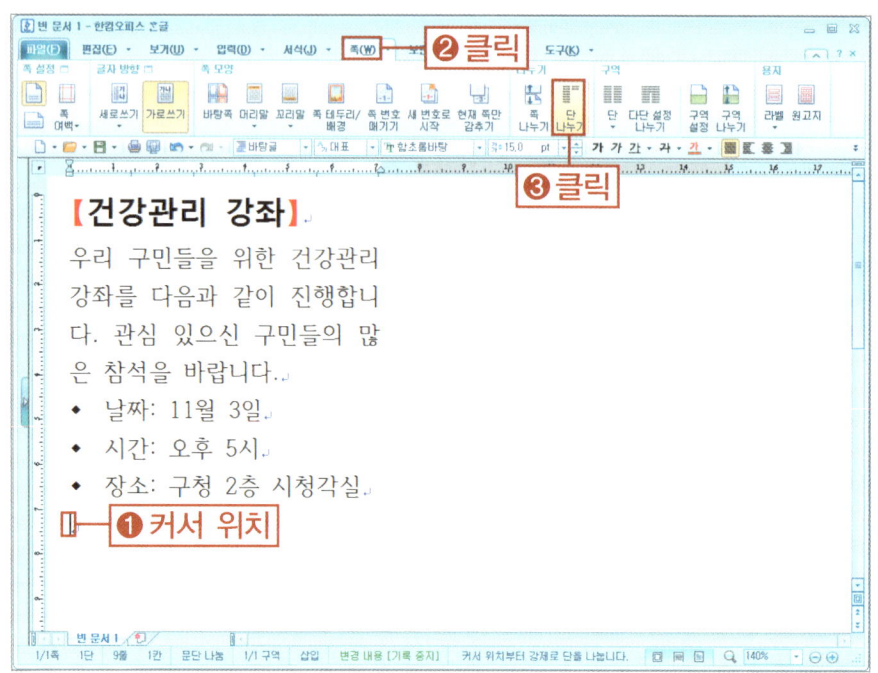

06 커서가 오른쪽 단으로 이동하면 다음과 같이 내용을 입력하고 글자 모양을 지정합니다.

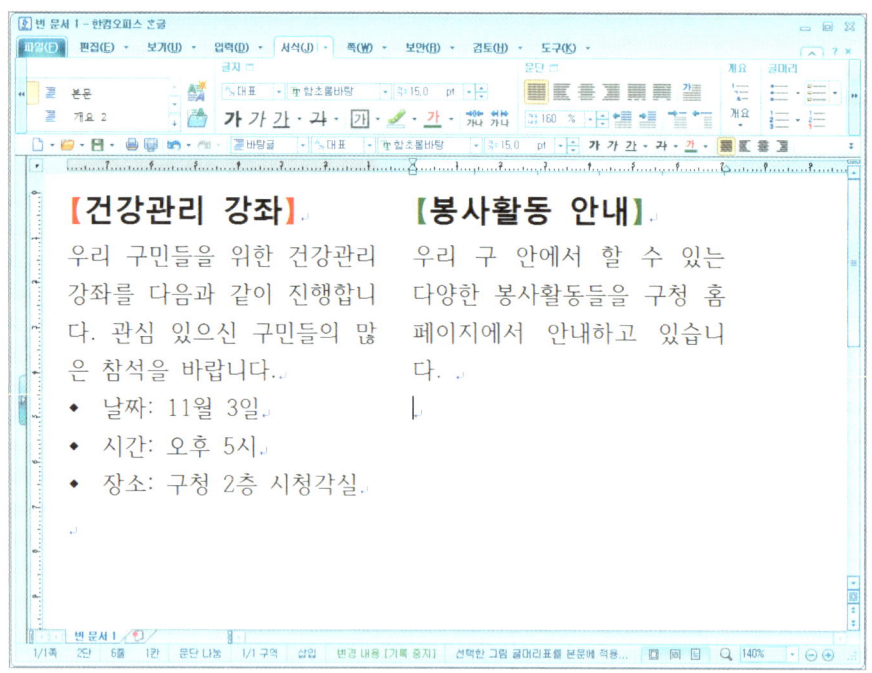

TIP 내용이 입력되고 나면 원하는 부분을 클릭해 단 사이를 이동할 수 있습니다.

07 마지막 줄에 커서를 놓고 [서식] 탭의 [글머리] 그룹에서 오른쪽 [그림 글머리표]의 목록 단추를 클릭하고 삽입할 기호를 선택합니다.

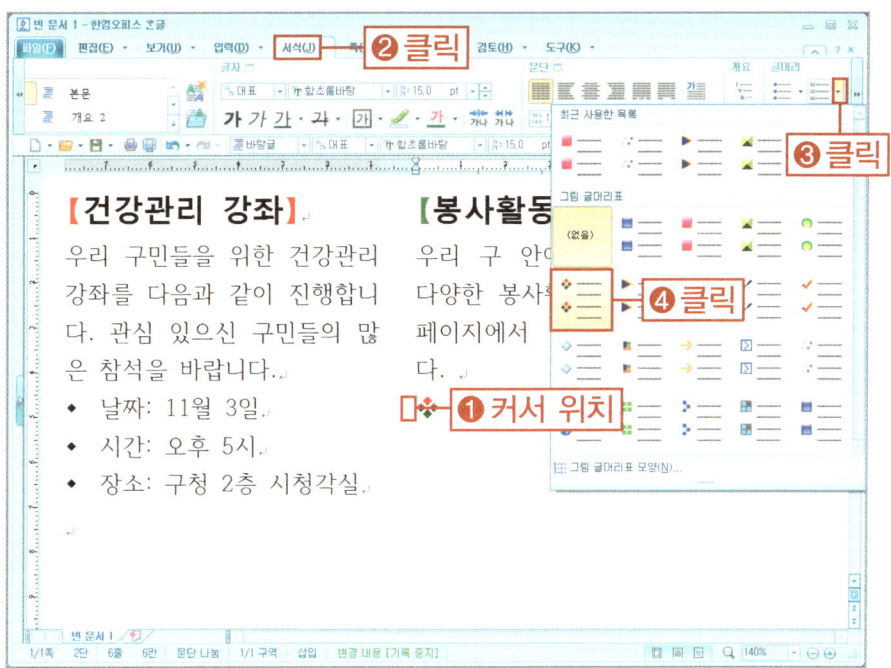

08 그림 글머리표가 삽입되면 내용을 입력하고 Enter 를 눌러 세 줄의 내용을 입력합니다. 마지막 줄에서 [그림 글머리표]를 다시 클릭하여 삽입을 해제합니다.

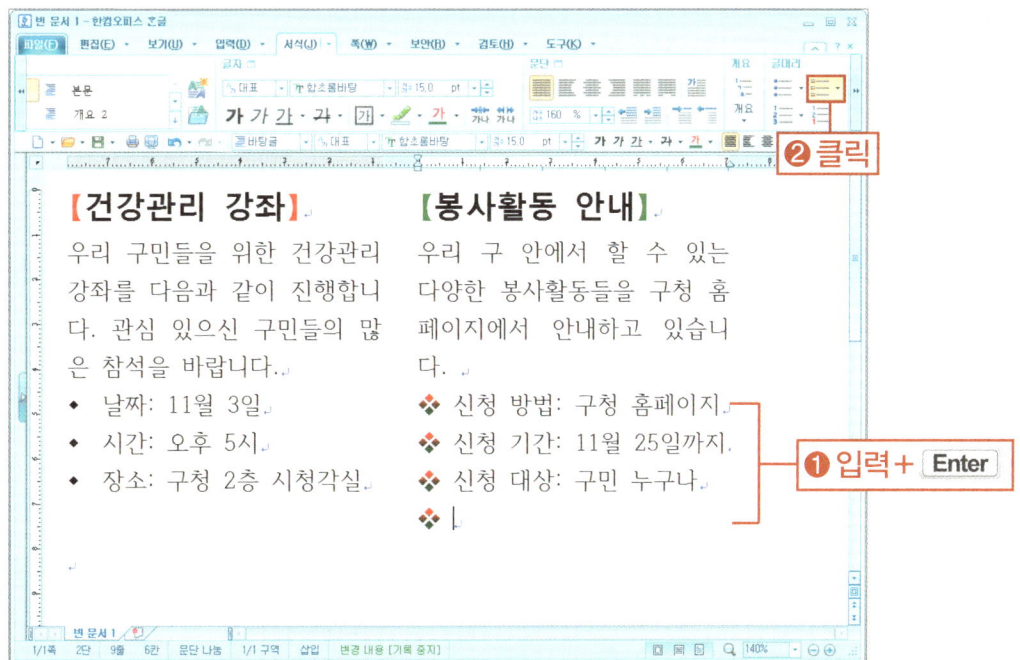

연습문제 >> 문제를 풀며 확인해보세요.

01 다단 기능을 이용해 두 단으로 문서를 작성하고 글머리표를 삽입해 꾸며 보세요.

[팀별 워크샵 안내 공지]　　　　**[채용 공고(신입/경력)]**

다음과 같이 사내 팀별 워크샵을 진행하고자 하오니 다음 내용에 따라 팀별로 관련 준비를 진행하시기 바랍니다.

영업직 신입 및 경력 사원을 다음과 같이 채용하고자 합니다. 지원자는 이메일로 관련 서류를 제출하시기 바랍니다.

- ☑ 기간 : 4월 13일(목)~14일(금)
- ☑ 출발 시간 : 4월 13일(목) 오전 9시
- ☑ 출발 장소 : 회사 1층(후문) 옥외 주차장

- ✔ 신입 : 영어 능통자 우대
- ✔ 경력직 : 관련 경력 5~10년
- ✔ 제출서류 : 이력서, 자기소개서
- ✔ 제출기한 : 4월 30일까지

HINT [편집] 탭에서 [단]-[둘]을 선택→왼쪽 단에 내용을 입력하고 글자 모양 지정→왼쪽 단 끝에서 [쪽] 탭-[단 나누기] 클릭→오른쪽 단에 내용을 입력하고 글자 모양 지정→'기간'~'출발 장소'를 범위로 지정하고 [서식] 탭-[글머리표]에서 글머리표 선택→'신입'~'제출 기한'을 범위로 지정하고 [서식] 탭-[그림 글머리표]에서 글머리표 선택

02 다단 기능을 이용해 너비가 다른 두 단으로 문서를 작성하고 글머리표를 삽입해 꾸며 보세요.

<입주자대표회의>　　　　**<주민 실천 안내사항>**

우리 아파트 동별 입주자 대표 회의를 실시합니다. 동별 대표자는 회의에 꼭 참석해주시기 바랍니다.

층간 소음 등 인한 이웃간의 분쟁이 많이 생기고 있습니다. 주민들께서는 다음 사항을 꼭 준수하시어 살기 좋은 아파트가 되도록 노력해주시기 바랍니다.

- ◉ 날짜: 10월5일
- ◉ 시간: 오후 7시 30분
- ◉ 장소: 아파트 노인정
- ◉ 안건 :

1. 밤 10시 이후에는 큰 소리가 나지 않도록 주의하시기 바랍니다.
2. 의자 끄는 소리, 청소기 소리, 뛰는 소리 등이 크게 나지 않도록 합시다.
3. 복도나 계단에 쓰레기를 버리지 맙시다.

 HINT [편집] 탭에서 [단]-[왼쪽]을 선택→왼쪽 단에 내용을 입력하고 글자 모양 지정→왼쪽 단 끝에서 [쪽] 탭-[단 나누기] 클릭→오른쪽 단에 내용을 입력하고 글자 모양 지정→'날짜'~'안건'을 범위로 지정하고 [서식] 탭-[글머리표]에서 글머리표 선택→'밤 10시'~'복도나'를 범위로 지정하고 [서식] 탭-[문단 번호] 클릭

눈이 편한 **한글 2010**

1판 1쇄 발행_ 2014년 9월 30일
1판 7쇄 발행_ 2019년 9월 30일

저 자 • 김미영
발 행 인 • 김길수
발 행 처 • (주)영진닷컴
주   소 • 서울 금천구 가산디지털2로 123 월드메르디앙벤처센터 2차 10층 1016호
출판등록 • 2007. 4. 27 제 16-4189호

값 **7,000원**

ⓒ2014., 2019. (주)영진닷컴
ISBN 978-89-314-4754-5

http://www.youngjin.com